가진 것 없는
서른의 경제학

가진 것 없는
서른의 경제학

초판 1쇄 인쇄 2016년 3월 25일
초판 1쇄 발행 2016년 4월 1일

지은이 강지연 이지현

발행인 최봉수
편집장 김문식
기획편집 권은정 최민석 김민혜 김보영 권원정 이미리 안정민
디자인 박성미
마케팅 안익주 이승아
제작 한동수 장병미 이성재 최민근

발행처 메가스터디㈜ **출판등록** 제2015-000159호
주소 서울시 마포구 상암산로 34(상암동) 디지털큐브빌딩 15층
전화 1661.5431 **팩스** 02.3486.8458
홈페이지 http://www.megabooks.co.kr

ⓒ 강지연 이지현, 2016
ISBN 978-89-6280-580-2 03320

새로운현재는 메가스터디㈜의 단행본 브랜드입니다.
이 책은 메가스터디㈜의 저작권자와의 계약에 따라 발행한 것이므로 무단 전재와 무단 복제를 금지하며,
이 책 내용의 전부 또는 일부를 이용하려면 반드시 저작권자와 메가스터디㈜의 서면 동의를 받아야 합니다.

잘못된 책은 구입하신 곳에서 바꾸어드립니다.

가진 것 없는 서른의 경제학

강지연, 이지현 지음

새로운현재

들어가면서

상속,
포기하고 싶습니다

— 1 —

고작 스물다섯이었다. 우민 씨는 2015년 1월 새 학기가 시작되기도 전, 전공교수의 연구실 문을 두드렸다. 앳된 얼굴의 청년이 담고 있기에는 무거운 말들이 연구실 테이블 위로 쏟아졌다. 그가 찾아온 이유를 한마디로 요약하자면 이랬다.

"상속 포기, 어떻게 해야 하나요."

부모님과의 사이가 안 좋은 것은 아니었다. 자식 뒷바라지를 위해 음식점을 운영하는 부모님과 고등학교 3학년생 여동생이 있는 평범한 가정이었다. 우민 씨에게 '상속 포기'라는 단어가 눈앞으로 다가온 건 부모님 가게가 불황의 직격탄을 맞으면서부터다. 옆집에 들어선 대기업 프랜차이즈와 임대료를 올리겠다는 건물주, 지갑을 닫은 소비자 등 삼

중고를 겪던 가게는 결국 문을 닫았다. 아직 갚지 못한 초기 창업 투자 비용에 네 식구 생활비까지 더해지면서 집에는 빚이 점점 쌓여갔다. 몸집을 키운 빚은 가족들의 얼굴에 그늘을 드리웠다.

우민 씨는 아버지 대신 생활비 마련을 위해 취업전선에 뛰어들었지만 그에게 돌아오는 답은 항상 같았다. '합격자 명단에 귀하의 이름이 없습니다.' 서울 소재 4년제 대학에 토익 925점, 한자 2급 자격증과 대기업 인턴 경력 등 화려한 스펙에도 수십여 곳의 기업은 문을 열어주지 않았다. 가계비가 나올 창구는 우민 씨가 잠을 포기하고 택한 야간 편의점 알바뿐이었다. 알바비로는 빚은커녕 학비를 모으기도 힘들었다. 그런 그가 선택할 수 있는, 우민 씨 인생의 첫 재테크가 바로 상속 포기였다. 부모님과 이어진 연결고리를 끊어내, 빚 부담이라도 덜어내는 것이 스물다섯 청년이 내린 결정이었다.

— **2** —

생애 첫 재테크로 상속 포기를 선택할 정도로 절박한 청년. 2015년 초 2535 청년들의 재테크 성향을 알아보기 위해 한 대학 교수와 인터뷰하던 중 들은 이야기다. 우민 씨와 같이 극한 상황에 처한 이들이 얼마나 있을까 싶었다. 그런데 상속 포기를 전문으로 하는 로펌과 변호사들이 속속 등장하고, 포털사이트에 상속 포기 방법을 묻는 글이 꾸준히 올라오는 것을 볼 때 어느 특정인의 고민이 아닌 것은 확실하다.

상속 포기의 충격이 채 가시기도 전, 우리는 그간 준비했던 이직에 성공했다. 이전 직장에 큰 불만은 없었다. 가족 같은 동료들과 나쁘지 않은 근무환경, 평균 수준의 임금. 게다가 지난 6년간 기자 일을 꽤나 즐거워하며 뛰어다녔다. 그런 우리가 이직을 진지하게 고민하기 시작한 것은 계란 한 판의 나이가 되면서다. 경력시장에서 '잘 팔리는' 연차와 나이를 넘기기 전에 발돋움을 해야 한다는 생각이 머릿속에 가득했다. 그 누구도 경력직의 연차와 나이를 한정 짓지 않았지만 사회생활을 하며 겪은 여러 경험들이 서른 살의 우리에게 경고음을 울리고 있었다. 누가 먼저라고 할 것도 없이 이직을 꿈꿨고, 2015년 3월 각자 다른 곳에서 제2의 직장생활을 시작했다.

대체 우리에게 무슨 일들이 벌어지고 있는 것일까.

— **3** —

'유례없는 불황이 찾아왔다.'

기자생활을 하는 동안 매년 들어왔던 이야기다. 전문가들에게 경제 현황에 대해 물어보면 항상 똑같은 답변이 돌아왔다. 2013년에도 그랬고 2014년에도, 작년에도 그랬다. 전문가들이 매년 이런 표현을 쓰는 이유는 두 가지일 것이다. 본인 이야기에 집중시키기 위해 '불황'이 필요하거나, 경기가 정말 계속 안 좋아지는 상황이거나. 우리니라의 경제 상황을 보여주는 지표들이 일제히 저성장·저금리·저물가를 가리키는 것을 보면 정답은 후자에 가까운 듯하다.

실제 돌이켜보면 불황은 우리를 둘러싼 환경 중 하나였다. 초등학교

6학년이었던 1997년 국제통화기금(IMF) 외환위기가 터졌다. 당시 부모님이 안방에서 심각하게 이야기를 나누던 모습이 아직도 기억난다. 정확한 상황 파악을 할 수는 없었지만 '안 좋은 일'이라는 건 어렴풋이 알아챌 수 있었다. 부모님의 작은 한숨 소리에도 심장이 '쿵' 하고 내려앉던 시절이었다. 머리가 커진 2003년 고등학교 2학년 때는 카드대란이, 대학교 졸업반이었던 2008년에는 미국발 글로벌 금융위기가 대한민국을 집어삼켰다. 어느덧 '서른'이라는 숫자가 익숙해진 우리는 이렇게 불황과 함께 컸다. 한국에서 태어나 피구왕 통키의 불꽃슛을 연마하고, 주말에는 디즈니 만화동산을 챙겨봤던 이들은 이러한 시대를 배경으로 성장했다. 불황과 함께 자란 이들은 지금 대한민국의 2535가 됐다. 그리고 여전히 불황의 시대를 살아가고 있다.

불황은 우리를 신인류로 만들었다. '88만원 세대', '빨대족', '이케아 세대', '7포·삶포 세대', '달관 세대', 'NG(No Graduation)족', '니트족' 등 지금까지 이토록 많은 이름을 가진 청년들은 없었다. 그리고 이들의 이름에는 하나같이 '어려움', '포기', '비참함', '절망' 등 부정적인 의미가 담겨 있다. 그간 대한민국에서 청년은 '열정', '생동감', '낭만'의 키워드로 정의할 수 있는 세대였다. 헝클어진 머리에 구겨진 와이셔츠 바람으로 퇴근하는 월급쟁이 삼촌도 한때는 멋쟁이였다. 힙합바지로 길바닥을 청소하며 록카페, 클럽 등 신세대 유흥을 즐겼다. 그들은 공중전화 대신 벽돌 휴대폰을, CD플레이어 대신 MP3를 어느 세대보다 빨리 접했다. 그야말로 디지털 시대의 포문을 연 주인공이었다. 'X 세대'란 이름에는 그 시대 청춘들의 멋과 흥, 세련됨이 담겨 있다.

더 거슬러 가 폭풍 잔소리를 쏟아내는 엄마, '난닝구'와 한 몸이 아닐까 의심되는 아빠도 그 시절 머리띠를 두르고 정의를 외치는 세대였다. 부모님의 흑역사로 간주되는 미니스커트와 장발머리도 당시에는 사회적 반향을 일으킨 아이템으로 꼽혔다. 전쟁 통에서 먹고사는 것 자체가 문제였던 기성세대들은 이해하기 힘든 청춘의 상징이었다. 그런데 지금 대한민국에는 열정과 생동감, 낭만의 키워드를 적용할 수 없는 새로운 청년들이 살고 있다.

— 4 —

불황의 여파는 가장 먼저 취업시장에 한파주의보를 내렸다. 일하는 것이 간절한 바람이 된 청년들은 스스로를 쓸모없는 '잉여'라고 비웃는다. "공부 열심히 해서 좋은 대학에 가기만 하면 된다"는 부모님의 말씀대로 역사상 가장 화려한 스펙을 가진 세대가 됐다. 스펙은 고공행진하지만 목에 걸 사원증 하나 얻기는 더 힘들어졌다. 이렇다 보니 청년 백수들에게 5060 부모님은 의지할 수밖에 없는 버팀목이지만, 5060 직장인은 일자리를 놓고 경쟁해야 할 아이러니한 대상이 됐다. 또 친구 결혼식에 들고 갈 번듯한 명품백 하나쯤은 있어야 들러리 노릇을 톡톡히 하는 세상에서 청춘들의 주머니는 고달프다. 그들이 손에 쥔 프라다 지갑은 텅 비어 있다.

일하고 싶은 청춘들에게 일자리를 허하지 않는 취업난. 불황의 시기를 살아가는 신인류가 맞닥뜨린 서글픈 현실이다. 이 서글픈 현실은 "요즘 애들은 눈이 높아서 취업을 못한다"고 핀잔하기 일쑤였던 기성세대들도 "젊은 애들이 딱하다"고 말할 정도로 사회적 공감이 이뤄졌다. 정부는 일자리를 늘리기 위해 노동시장 구조개혁에 팔을 걷어붙였다. '이렇게 우울한 신인류에게도 볕이 드는 건가……' 싶지만, 엔딩 크레디트가 올라가는 순간 쓰러진 악당의 손가락이 꿈틀대는 영화의 마지막 장면처럼 찜찜한 느낌이 든다. 이 느낌은 우민 씨의 이야기를 들었을 때, 그 뒤 우리가 당연한 듯 정든 직장을 떠났을 때에도 늘 따라다녔다. 서로 다른 직장에 다니게 된 우리가 다시 한 번 만나 책을 쓰게 된 이유도 여기에 있다.

스물다섯 청년은 불황으로 가세가 기울었고, 취업에 실패했다. 그 결과, 생애 첫 재테크로 상속 포기를 결정했다. 30대 초반 직장인인 우리도 달리 몇 가지 길이 없는 상황에서 고를 수 있는 재테크 방법 중 하나로 이직을 택했다. 이제 직장인 10명 중 많아야 2명만이 한 직장에서 불혹의 나이까지 근무할 수 있는 시대가 됐다. 이 시기에 우리가 직장에 오래 남아 있을 방법은 기업의 오너가 되거나 이직하며 꾸준히 커리어를 쌓아 나가는 것뿐이다. 혹은 직장 정글만리 밖으로 나가 자생하거나. 가수 김광석의 노래 가사로만 접했던 서른 살이 되고, 30대 초반의 6년차 기자 경력을 가지고 고를 수 있는 재테크 선택지는 그리 많지 않았다. 바로 여기에 신인류가 맞이한 무거운 문제가 숨어 있다.

— 5 —

흔히 '재테크'라고 하면 먼저 은행에 돈을 차곡차곡 모으면서 얻는 금리 수입을 떠올린다. 실제 우리 부모님들은 그렇게 돈을 모아 '온 국민의 꿈'인 내 집 마련에 성공했다. 하지만 상황이 많이 달라졌다. 이제 한국은 저성장 국면에 접어들었고, 사상 첫 '연 1%대 금리' 시대를 맞게 됐다. 더 이상 은행에 월급을 맡겨 돈을 불리기가 힘들어진 것이다. 여기에 기업의 가치를 반영하는 주식은 대기업까지 불황에 휘청이며 투자 위험성이 더욱 커졌다. 결국 최근 들어 국내 주식형 펀드 수익률이 마이너스로 돌아서기도 했다. 그간 서민들의 주머니를 불려줬던 재테크 수단들이 제구실을 못 하고 있는 셈이다. 우민 씨의 상속 포기도, 우리의 이직도 문제는 이러한 상황에 있다. 우리는 여기에 '무(無)재테크 시대'란 이름을 붙였고, 신인류가 당면한 무재테크 시대에 대해 취재했다.

청년층이 지금 당장 재테크할 곳이 없다는 것은 큰 문제다. 그러나 더 큰 걱정은 신인류가 맞게 될 '중년의 위기'다. 27세 잉여 김민지 씨도, 30세 고스펙남 한상곤 씨도, 졸업유예를 고민하는 25세 장유경 씨도 10년 뒤에는 아줌마, 아저씨가 된다. 흔히 4050세대를 '대한민국의 허리'라고 부른다. 경제활동과 소비를 가장 활발하게 하는 세대이기 때문이다. 중년의 통장을 준비하기 위한 재테크 시작시기를 대개 25~35세 즈음인 것으로 미뤄보면 신인류의 미래는 어둡고, 10년 뒤 대한민국은 불안하다. 그래서 우리는 무재테크 시대의 재테크에 대해 이야기해보려고 한다.

'젊어서 고생은 사서도 한다'는 말은 이제 옛말이다. 대한민국 청춘에게 고생은 굳이 사지 않아도 겪어야 할 필수코스와 같은 것이 됐다. 최근 몇 년 사이 자기계발서가 2535세대들에게 불티나게 팔렸던 것도 위로를 얻고 싶거나 따끔한 직언을 듣고 싶은 마음 때문이 아닐까. 사회적으로 성공한 사람들의 말에 귀를 기울이고, 조언을 듣는 것도 필요하지만 어쩌면 우리에게 가장 필요한 것은 같은 선상에서 달려가고 있는 또래들의 말일지도 모른다. 그들은 누구보다 우리의 마음을 잘 알 테니까.

신인류인 우리의 눈으로 바라보고 취재한 2535 맞춤형 경제 이야기가 이제 시작된다.

차례

들어가면서
상속, 포기하고 싶습니다•004

1장 무재테크 시대 청년 자본 제로
우리는 어쩌다 결핍의 시대를 살고 있을까•017
무재테크 시대, 청년들이 주목하는 것•034
가진 것 없는 서른에게 있는 것?•046
어떻게 쓰고 어떻게 쌓는가•060

2장 일할 수도 놀 수도 없는 노답 경제
청년들에게 일 시켜주지 않는 사회•073
헬조선을 사는 청년들의 新 취업공식•086
2535 vs 5060 일자리 사수 경쟁•098
'한탕주의'는 끝났다•110
마이너스 출발선에 선 청년들•126
말년의 삶은 지금 결정된다•139

3장 삶포세대의 최소한의 경제 방어
이제는 너무나 당연한 '월세살이'•155
빚에 익숙한 세대•171
직장 정글만리•180
세금, 누가 더 내고 덜 내느냐의 문제•193
결혼, 선택 아닌 포기•206
재무설계, 시작하셨습니까?•216

나오면서
서른둘 여기자의 '진짜' 청춘 경제학•223

1장.

무재테크 시대 청년 자본 제로

1997년 IMF 외환위기를 겪으며
아빠의 축 처진 어깨와 엄마의 눈물을 마주했던
어린 소년, 소녀들은 어느덧 청년이 되었다.
20여 년이 흘러 사회로 들어선 청년들은
이제 자신의 처진 어깨와 눈물을 마주하고 있다.
그들은 어쩌다 '풍요 속의 빈곤'의 시간을
보내고 있는 것일까.
'자본 제로'의 위기에 처한 청년들의
경제 극복기를 만나본다.

우리는 어쩌다
결핍의 시대를 살고 있을까

아빠, 엄마가 살던 고성장 시대는 끝났다

'했던 말 하고 또 하고.' 아마 우리 부모님들이 대부분 갖고 있는 공통점 중 하나일 것이다. 우리 엄마는 스물셋 대학을 졸업하자마자 결혼해 친구들 어머니보다 젊은 편이다. 때론 언니 같고, 때론 친구 같은 엄마도 '했던 말 하고 또 하고' 신공의 보유자다. 엄마의 신공이 발휘되는 때는 두 가지의 경우다. 첫 번째는 내가 밤 10시까지 귀가하지 않았을 때다. 처리해야 할 일이 있거나 회식이 잡혀 퇴근이 늦는다는 이야기를 반복해서 해도 당일 밤 10시만 되면 '어디 있니?'란 메시지가 날아온다. 한 달 치 엄마와의 카톡 내용을 살펴보면, 거의 모든 대화가 '어디 있니?'와 'OO에 있어'로 끝난다. 한때는 엄마가 매일 밤 10시 메시지 전송 예약을 해둔 것이 아닐까 의심한 적도 있었다.

두 번째는 제과점에서 카스텔라를 살 때다. 엄마가 풀어놓는 카스텔라 스토리는 이렇다.

"그때는 카스텔라가 얼마나 귀했는지 아니? 지금이야 집 앞에 있는 빵집에 들어가 사 먹을 수 있지만 예전에는 이렇게 쉽게 먹을 수 있는 게 아니었어. 엄마 어릴 때는 카스텔라를 결혼식 답례품으로 주는 집이 많을 정도였으니까. 그래서 네 외할머니, 외할아버지가 어디 결혼식 다녀오신다고 하면 설레는 마음으로 기다리곤 했지. 발자국 소리가 가까워진다 싶으면 맨발로 뛰어나가 아버지 손에 들린 것부터 확인했어. 카스텔라가 있으면 그날 밤은 언니들하고 파티를 열었는데, 가끔 카스텔라 상자인 줄 알고 신 나서 열어보면 수건이 들어 있기도 했지. 지금 이렇게 마음껏 카스텔라를 사고, 먹는 것을 보면 우리는 풍요로운 시대에 살고 있는 거야. 넌 참 풍요로운 시대에 태어났어."

지겨운 듯 썼지만 사실 이 카스텔라 이야기는 언제 들어도 정겹다. 어린 시절의 엄마와 마주하고 있는 느낌이랄까. 대학생 때만 해도 엄마가 이 이야기를 반복하는 이유는 단순히 카스텔라의 달달한 맛을 좋아해서일 거라고 생각했다. 지금 돌이켜보면 엄마에게 카스텔라는 풍요로운 시대에 사는 50대 아줌마를 넉넉지 않았던 추억의 시절로 되돌아가게 해주는 매개체였던 것 같다. 누구나 엄마, 아빠의 '빈곤하고 부족했던 시절'을 상징하는 이야기를 들어본 적이 있을 것이다.

엄마의 카스텔라가 보여주듯 우리의 삶은 풍요로워졌다. 1970년대 중반까지만 해도 자가용은 일부 부유층만이 가질 수 있는 운송 수단이었다. 그로부터 40년이 지난 현재 우리나라의 자동차 등록대수는 2,000만 대를 돌파했다. 국민 2.8명당 자동차 1대씩을 갖고 있는 셈이다. 또 당시 비행기를 타본 것 자체가 놀라운 경험이었지만, 이제 해외여행은 휴가를 즐기는 계획 중 하나가 됐다. 실제 우리나라의 경제수준을 가늠할 수 있는 1인당 국민총소득(GNI, Gross National Income)은 1970년 255달러에서 현재 3만 달러 턱밑까지 급성장했다. 그런데 이렇게 풍요가 당연한 시대에 결핍을 외치는 목소리가 이곳저곳에서 터져 나오고 있다.

결핍의 시대가 왔다

물질적으로 풍요로운 시대라고 하지만 청춘들은 못 하고, 없고, 부족하다. 카스텔라가 귀한 음식이었던 그 시절이 말하는 결핍과 지금 우리가 외치는 결핍은 다르다. 대학친구 은진이가 그 대표적인 예다. 대학시절 여대생으로 누릴 수 있는 즐거움은 역시 미팅이었다. 학과 단위 미팅, 10명 내외의 그룹 미팅, 친구들 3~5명의 조합으로 나가던 소규모 미팅 등 주중에는 쉴 틈 없이 미팅이 몰아쳤다. 몇몇 사람들은 "남자 만나려고 용쓴다"며 비아냥거렸지만 우리에게 미팅은 연애하기 위한 수단이라기보다 놀이의 한 방식이었다. 많은 친구들이 오늘만 살 것처럼 게임을 하고, 술잔을 주고받았다. 그렇다 보니 술집을 나오는 순간 파트너와 남남이 되거나 그야말로 '남자사람친구'만 결과물로 남았다. 그런데 이 열악한 환경에서도 꿋꿋이 로맨스를 꽃피웠던 친구가 있었다. 지상파 아나운서를 지망했던 은진이었다. 단아한 외모를 가진 은진이가 조곤조곤 이야기하면 남자들의 관심이 집중됐다. 둥글둥글한 성격에 유머감각도 있어 사실 미팅 자리의 주인공은 은진이나 마찬가지였다.

대학을 졸업하고 7년이 지난 지금 그녀의 상황은 조금 달라졌다. 여전히 예쁜 그녀에게 호감을 보이는 사람들이 나타나곤 하지만 어째서인지 은진이는 관계를 발전시키지 않으려고 한다. 스스로 누군가를 만나려고 하지 않는 것이다. 사실 그녀는 아나운서 시험에 수차례 낙방한 이후 자존감이 많이 낮아진 상태였다. 지난해부터는 일반 회사의 문을 두드렸지만 아무런 경력도 없는 서른 살을 받아주는 곳은 없었다. 누구보다 빨리 결혼해 잘 살 것 같았던 그녀의 입에서 결국 '결혼 포기'라는 말이 나왔다.

대한민국의 2535는 포기와 결핍을 말하는 것에 익숙해져 있다. 연애와 결혼, 출산을 포기한 '3포 세대'를 넘어 내 집 마련, 인간관계, 꿈, 희망까지 놓은 '7포 세대'가 등장했다. 취업포털사이트 잡코리아가 2015년 4월 일주일 동안 2030세대 498명을 대상으로 진행한 설문조사 결과에 따르면, 응답자의 10명 중 2명이 "위의 일곱 가지 중 하나 이상을 포기하거나 포기할 생각이 있다"고 답했다. 청년들이 포기할 것으로 꼽은 1순위는 '결혼'(전체 38.55%)이었다. 이어 출산, 내 집 마련, 꿈, 원하는 직업 갖기, 연애, 인간관계 순이었다. 제2, 제3의 은진이가 우리 주변에 있다는 이야기다. 상황이 이렇다 보니 이제는 제대로 된 삶조차 기대하지 않는다는 '삶포 세대'라는 말까지 나왔다.

결핍의 시대를 불러온 주범은 저성장이다. 청년들이 포기를 선택하는 이유는 개인이 못나서가 아니라, 나라의 성장동력이 꺼져가고 있기 때문이다. 우리나라는 1988년 이전까지 거의 해마다 10%가 넘는 경제성장률을 기록했다. 제조업을 기반으로 쑥쑥 커나가던 '한강의 기적'은 2008년 글로벌 금융위기 이후 저성장 국면에 접어들었다. 성장률은 2%대로 주저앉았다. 2015년 성장률은 2.6%에 머물렀고, 2016년

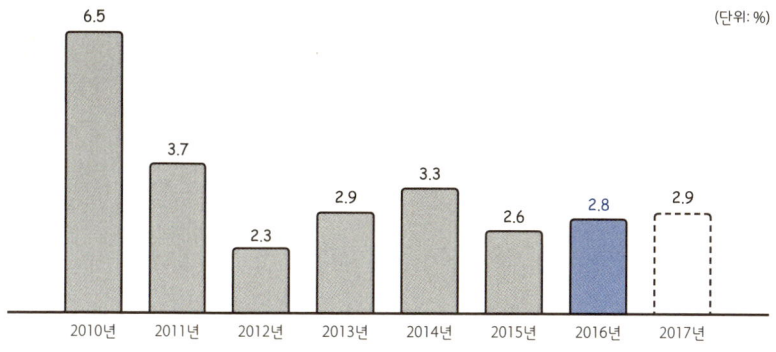

표❶ 2010년 이후 국내총생산(GDP) 성장률 변화

과 2017년에도 2%대 성장률을 이어갈 것이란 전망이 우세하다. 전 세계 경제분석자 700여 명의 전망치를 받아 각국의 성장률을 집계하는 컨센서스 이코노믹스에서는 한국의 국내총생산(GDP, Gross Domestic Product) 성장률 전망치를 2016년 평균 2.8%, 2017년 2.9%로 각각 내다봤다[표❶]. 나라의 성장을 이끄는 엔진은 수출과 내수인데, 현재로선 두 엔진 모두 상태가 좋지 않다.

기본적으로 성장 엔진을 가동시키는 것은 인구다. 젊은 인구가 많으면 우수한 인력을 활용할 수 있다. 이를 통해 수출에서 좋은 성적을 낼 수 있을 뿐만 아니라 내수시장도 키울 수 있다. 그러나 최근 한국은 인구 고령화로 일할 수 있는 인구, 즉 15~64세의 생산가능 인구가 줄어들었다. 여기에 불황이 깊숙이 침투하면서 청년실업 문제가 심각해졌다. 평균 연령이 높아지고 청년들이 돈을 벌지 못하자 소비자들의 지갑은 닫혔다. 소비활동이 뜸해져 사정이 어려워진 기업은 투자를 줄이게 된다. 소극적인 투자는 일자리 감소로 이어지고, 청년실업률은 더 높아지게 된다. 저성장은 청년실업을 낳고, 청년실업은 다시 저성장을 이끄는 식의 악순환이 계속되고 있는 셈이다. 최악의 실업률로 설 자리를 잃은 청년들은 스스로 무언가를 포기하며 결핍의 시대를 맞았다.

이쯤 되면 궁금한 점이 생긴다. 1인당 국민소득이 3만 달러에 달한다면서 왜 결핍을 외치게 된 것일까. 한국은 1994년 국민소득 1만 달러를 돌파한 후 축포를 터뜨렸다. 10여 년 사이 3배나 성장했다는 건데 왜 나라의 성장동력이 약해졌다고 하는 것일까. 그 이유는 경제지표와 국민이 체감하는 경기 간에 괴리가 생긴 데 있다. 정부가 발표하는 경제지표는 거시적인 것이 많다. 또 '사는 사람은 더 잘살고 못사는 사람은 더 못사는' 양극화가 극심해진 것도 원인 중 하나다.

그래서 국가미래연구원(이하 미래연)은 국민의 체감 경기를 파악할 수 있는 '민생지수'를 만들었다. 민생지수는 고용률, 상용근로자 비율, 가계실질소득, 실질부동산 가격, 금융자산 가격 등 긍정요소와 실질 식료품 물가, 실질 주거 광열비, 실질 교육비 등 부정요소를 더해 수치화한 지수다. 2002년을 기준점(100)으로 삼고 매 분기 서민들의 살림살이가 얼마나 나아졌는지 평가한다. 미래연에 따르면 민생지수는 부진하다. 2013년 1분기 이후 2015년 4분기까지 7분기 연속 미끄러졌다. 거시적인 경제지표와 달리 국민이 실제 느끼고 있는 경기는 악화됐다는 이야기다.

여기에 미래연이 민생지수와 함께 발표하는 국민행복지수도 하락세로 돌아섰다. 국민행복지수는 2015년 3분기 가계부채와 소득 감소 등으로 뒷걸음질 쳤다. 미래연은 보고서를 통해 "국민행복지수는 장기적이면서 종합적으로 국민행복의 추세를 나타낸다"며 "2014년 4분기를 정점으로 지수가 하락하고 있다"고 분석했다. 이어 "월평균 소득을 늘리고 가계부채를 줄이는 등의 노력이 필요하다"고 지적했다. 미래연의 조사 결과를 한마디로 풀이하자면, 실제 국민들이 체감하는 경기는 어렵고 이로 인해 행복한 이들이 줄고 있다는 것이다. 민생지수와 행복지수를 보면 청년들이 겪고 있는 결핍과 현재의 상황을 이해하기가 쉬워진다.

저성장은 우리의 통장을 어떻게 저격하는가

그런데 지난해 청년들에게 민생지수보다 훨씬 공포스러운 뉴스가 있었다.

> 한국씨티은행 프리스타일 정기예금 상품의 3개월 만기 정기예금 금리가 기존 연 1.1%에서 0.9%로 떨어졌다. 라이프플랜적금 등 주요 6개월 만기 정기적금 상품 금리도 1.1%에서 0.8%로 낮아졌다.

2015년 6월 국내 주요 신문의 경제면을 도배한 뉴스다. 씨티은행이 발표한 짧은 금리 이야기, 0.2~0.3%포인트 수준의 미미한 숫자 차이. 별거 아닌 것 같이 보이지만 간단히 넘길 수 없는 기사다. 저성장이 실제 우리의 통장을 어떻게 저격하는지 여실히 보여주는 뉴스이기 때문이다. 민생지수가 경제의 심각성을 느끼게 해주는 지표라면 금리는 실제 내 통장에 찍히는 숫자가 된다.

국내에서 사상 처음으로 0%대 금리의 예·적금이 등장했다. 2015년 기준금리가 1%대까지 내려앉더니 결국 0%대 금리까지 고개를 내밀었다. 1990년대 금리가 10%였던 시절 월 100만 원씩 적금하면 10년 뒤 1억 9,125만 원의 돈을 벌 수 있었다. 하지만 기준금리가 1.5%로 떨어진 현재는 월 100만 원씩 돈을 모아도 우리 통장에 쌓이는 금액은 1억 2,843만 원에 불과하다. 6,300만 원이 허공으로 사라진 셈이다[그림❶]. 한꺼번에 돈을 맡기고 이자 수익을 얻는 예금도 마찬가지다. 1990년대 월 100만 원의 금리 수입을 얻으려면 1억 2,000만 원의 예금액이 필요했지만 이제 무려 8억 원이 있어야 하는 시대가 온 것이다. 돈을 차곡차곡 모아 자산을 불리는 시대는 역사 속으로 사라졌다.

금리는 경기흐름과 밀접한 관련이 있다. 한국은행은 금리를 올리거나 내리며 시중 통화량을 조절한다. 보통 경기가 좋지 않을 때는 금리를 인하해 통화량을 늘린다. 시중에 돈을 돌게 해 경기를 부양하려는 의도다. 반대로 경기가 상승세를 타면 금리 인상을 통해 과열된 경기를 진정시킨다. 물론 예외의 경우도 있지만 대개의 흐름은 이렇게 이어져왔다.

국가가 경제 개발을 계획하며 고성장 하던 시기, 앞다퉈 투자를 진행했던 기업들은 많은 돈이 필요했다. 수요가 많으면 가격이 오르는 법. 돈을 빌려 갈 곳이 많으니 서민들은 은행에 적금을 붓는 것만으로도 금리 수익을 넉넉히 받을 수 있었다. 그러나 저성장 국면을 맞은 현재는 상황이 달라졌다. 기업은 투자에 소극적으로 변했고, 한국은행은 역대

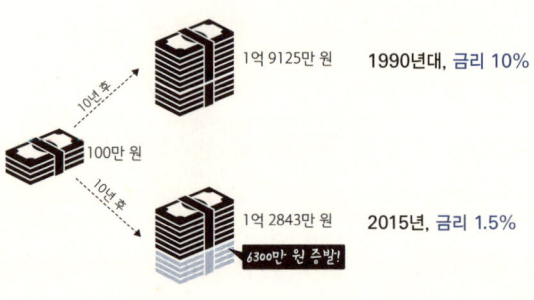

그림❶ 1990년대 평균 금리와 2015년 기준 금리 비교

최저 수준으로 금리를 내렸다. 저금리는 저성장의 또 다른 결과물이다.

저금리 시대가 청년들에게 미치는 영향을 취재하면서 6명의 또래 직장인을 만났다. 그중 가장 기억에 남는 취재원은 중견 IT회사의 신입사원 장용준 씨(29)다. 용준 씨와의 인터뷰는 계획과 달리 흘러갔다. 재테크에 대한 이야기는 온데간데없고 친구와 나눌 법한 상사 뒷담화가 이어졌다. 그때는 인터뷰에서 건질 것이 없다고 생각했는데 책을 쓰면서 돌이켜보니 용준 씨는 저금리에 관한 질문에 제대로 답하고 있었다. 당시 쏟아낸 뒷담화 중 하나가 박 부장에 대한 이야기였다.

"아메…… 뭐? 아니 그거 말고 커피 시켜줘. 달달한 걸로. 나 참 요즘 애들은 도통 이해할 수가 없어. 밥보다 비싼 커피 마시면서 '모을 돈이 없다'고 왜 불평을 해. 나는 신입사원 때 안 그랬어. 월급 들어오면 꼬박꼬박 저축부터 했지. 이런 이야기까지는 안 하려고 했는데 이 과장, 그거 알지? 내가 입사 5년 만에 집 샀잖아. 요즘 애들은 생각 없이 돈을 쓰니까 집도 못 사고, 결혼도 못 하는 거 아니야."

젊은 애들 가는 곳을 경험해보고 싶다기에 애써 모셔 왔거늘 회사 앞 별다방에 들어온 박 부장은 옛 영광을 들먹이며 또 침을 튀겼다. 이 과장은 박 부장의 반응이 익숙한 듯 커피 뚜껑부터 닮았다. 용준 씨는 하고 싶은 말을 꾹 눌러 담았다. 아부가 천직인 것 같은 이 과장만 굽실거리며 "제가 그래서 돈을 못 모으나 봐요. 역시 대단하세요, 부장님"이란 멘트를 날렸다. 용준 씨는 박 부장의 말 한마디에 '생각 없는 요즘 애들'이란 낙인이 찍혔다. 다른 상사들이나 친척 어른들께 으레 듣는 이야기지만 억울함이 목젖까지 차올랐다. 이제 더 이상 적금만으로 돈을 불릴 수 있는 시대가 아니건만 박 부장은 용준 씨의 결핍을 사치 때문으로 치부했다. 박 부장 세대는 고성장·고금리 시대를 살아오면서 적금만으로 밑천을 모을 수 있었다. 그래서 저축은 당시 가장 모범적이고 일반적인 재테크였다. 샐러리맨들이 적금으로 불린 돈은 지금 살고 있는 아파트가 됐고, 우리들을 키운 양육비가 됐다. 그러나 저성장·저금리 시대를 맞은 청년들에게는 월급이 있어도 통장을 불리기가 힘들어졌다.

중견기업 부장직에 송파구 40평대 아파트, 출퇴근용 고급 세단. 박 부장은 한국 사회가 꼽는 성공기준에 부합하는 사람이다. 물론 이런 결과를 만든 것은 허리띠 졸라매고 성실하게 재테크한 노력이다. 그러나 박 부장의 노력이 빛을 발하도록 등을 밀어준 밑바탕에는 고성장·고금리 시대가 있었다. 하루가 다르게 성장했던 산업화 시기에 제품은 대량으로 생산됐고, 소비자들은 대량 소비했다. 여기에 높은 금리는 서민들의 주머니를 채워주는 역할을 톡톡히 했다. 그만큼 무언가를 성취할 기회가 열려 있었다. 고성장이 저성장으로, 고금리가 저금리로 뒤바뀐 지금은 무엇을 이룰 수 있는 기회 자체가 줄어들었다. 이제 막 사회에 나온 청년들은 취업난과 부실한 통장을 맞닥뜨리며 결핍을 체감했다. 줄어든 기회의 또 다른 말이 결핍인 셈이다. 이러한 시대적 배경은 박 부장과 용준 씨를 서로 이해할 수 없는 세대로 분류시켰다. 용준 씨와의 인터뷰는 박 부장과 개그맨 박명수의 비교로 마무리됐다.

"그런데 기자님, 거성 박명수 님 아시죠? 그분 최소 배우신 분입니다. 최근 우리를 위한 강연에서 또 하나의 명언이 탄생했어요. '티끌 모아 태산'이 아니라 '티끌 모아 티끌'이라고요. 엘리트 코스를 밟아온 박 부장보다 저성장·저금리 시대를 더 잘 간파하고 계신 분 아닙니까?"

주머니 가벼운 청년은 더 외롭다

국내 자산가 10명 중 8명은 앞으로 저성장·저금리 기조가 더 심해질 것으로 내다봤다. 2015년 6월 KB금융지주 경영연구소는 시장조사 업체 나이스알앤씨와 금융자산 10억 원 이상 보유자 400명을 대상으로 금융환경 변화에 대한 인식 설문조사를 실시했다. 이 조사에서 응답자의 81.6%가 한국 경제의 저성장·저금리 추세가 심각해질 것으로 예상했다.

자산가들의 전망처럼 국내 경제상황은 악화될 가능성이 높아 보인다. 저성장·저금리 기조가 심화되면서 결핍의 파장도 더욱 몸집을 키울 것으로 전망된다. 실제 결핍은 우리 삶의 중심까지 다가왔다. 기존에 청년들이 외치던 결핍은 일자리, 텅 빈 통장, 내 집 마련 등 경제적인 요소와 관련된 것들이었다. 그런데 언제부터인가 결핍의 그늘은 일상생활과 사적인 인간관계의 영역에까지 드리웠다. 앞에서 소개한 7포 세대. 청춘들이 내려놓는 일곱 가지는 연애, 결혼, 출산, 내 집 마련, 꿈, 인간관계, 희망이다. 삶의 원동력이 되는 꿈과 희망, 그리고 사회적 동물인 인간이 평생을 맺는 인간관계까지 포기해야 할 목록에 포함돼 있다.

대학친구 은진이의 경우도 마찬가지다. 그녀의 결핍 요소는 일자리다. 취업난으로 인한 '무직' 타이틀은 그녀의 생활을 확 바꿔놓았다. 대학 때만 해도 주위의 부러움을 샀던 연애의 달인이 이제는 스스로 남자들의 관심을 끊어낸다. 소개팅을 시켜주겠다는 제안도 물론 거절이다. 아나운서의 꿈을 포기한 지는 오래고, 어디에도 소속돼 있지 않다는 좌절감은 친구들과의 관계도 서먹하게 만들었다. 얼마 전 동네 카페에서 만난 은진이는 '얼굴 보기 힘들다'는 타박에 이렇게 답했다.

"사실 아직까지 자리를 못 잡고 있으니까 스스로 위축되는 것 같아. 친구들끼리 뭐 그런 걸 신경 쓰냐고 하겠지만 취업해서 직장 이야기 하는 애들 사이에 있으면 소외되는 기분이 들어. 그러지 말아야지 하면서도 자꾸 약속을 피하게 되네. 부모님께 용돈 타 쓰는데 밖에 나다니기도 좀 그렇고. 일단 어디라도 들어가면 좀 나아지겠지. 외롭지 않냐고? 외로워. 그런데 혼자 있고 싶어."

외롭지만 혼자 있고 싶다는 사람은 은진이뿐만이 아니었다. 대표적인 이들이 집에서 혼자 술 마시는 사람들이다.

식품업체 입사 3년 차인 김대영 씨(31)는 일주일에 세 차례 퇴근길에 집 앞 대형마트를 찾는다. 부모님과 함께 살고 있는 대영 씨가 딱히 장을 볼 일은 없지만 이렇게 자주 대형마트에 가는 이유는 술 때문이다. 마트에 가면 장바구니에 할인판매 중인 수입맥주 1만 원 묶음과 소주 한 병, 마른안주거리를 담는다. 집에서 노트북으로 밀린 축구 경기를 보며 술을 마시는 것이 그의 즐거움 중 하나가 됐다. 대영 씨가 집에서 술을 마시기 시작한 것은 2015년 초부터였다. 불황의 직격탄을 맞은 회사는 회식부터 줄였다. 경영진이 긴축재정의 일환으로 법인카드 한도를 줄이자 자연스럽게 회식 자리가 줄어들었다. 모이면 적어도 5만 원씩 나가는 친구들과의 모임도 부담스러워졌다.

불황이 장기화되면서 음주 문화에도 변화의 바람이 불었다. 보통 술자리 하면 직장 동료들이나 친구들과 가게에서 마시는 것이 일반적이었다. 그러나 최근에는 집에서 혼자 술을 마시는 사람들이 늘어나고 있다. 광고대행사 이노션이 최근 1년간 소셜 빅데이터를 분석한 〈2015년 직장인의 나홀로 소비 트렌드 분석 보고서〉를 보면, 직장인들은 음주와 관련해 '모임', '회비', '친구'라는 연관어가 포함된 소비는 줄어드는 행태를 보였다. 반면 '직장인', '혼자', '한잔'이란 키워드가 포함된 소셜 데이터를 분석한 결과, 혼자 마시는 '혼술'은 긍정적으로 인식되고 있었다.

한국사회에서 술자리는 인간관계의 친밀감을 높이는 역할을 해왔다. 지금은 문화가 많이 바뀌었다고 하지만 여전히 많은 사람들이 유대감을 도모하기 위해 술자리를 갖는다. 기업 이력서에 주량을 묻는 문항이 버젓이 들어가 있고, 신입사원의 인성을 평가하는 자리 중의 하나가 술자리인 것으로 미뤄볼 때 여전히 술과 사회생활은 떼려야 뗄 수 없는 관계다. 술자리 감소가 긍정적일 수도 있지만 기존 음주문화에 익숙한 이들에게는 고립감과 외로움을 동반한다.

2015년 6월 씁쓸한 조사가 또 하나 나왔다. 사회적 관계를 중시하는 한국인이 정작 어려울 때는 의존할 수 있는 사람이 없다는 내용이었다. 경제협력개발기구(OECD)는 34개 회원국과 러시아, 브라질을 대상으로 '2015 더 나은 삶 지수'를 조사했다. 한국은 '사회적 연계' 부문에서 꼴찌를 기록했다. 어려움이 닥쳤을 때 도움을 요청할 수 있는 친척이나

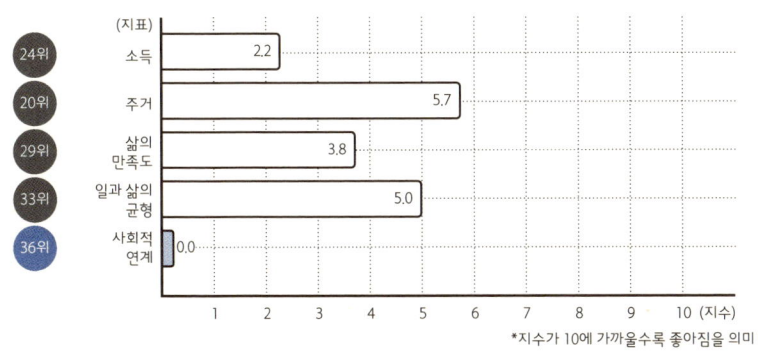

표❷ 〈2015 더 나은 삶 지수〉- 주요 지표별 한국 순위 및 지수

친구 또는 이웃이 있냐고 물었는데, 한국인은 72%만이 있다고 답했다. 이는 OECD 평균 88%보다 16%포인트 낮은 수치다[표❷].

슬프게도 경제상황은 사회적 관계를 흔들어놓는다. 집에서 혼자 술 마시는 사람들과 7포 세대의 등장이 사회적 관계의 변화를 알리고 있다. 이러한 흐름으로 간다면 향후 경제상황이 더 악화됐을 때 '의존할 수 있는 사람이 있다'고 답하는 한국인의 비율은 지금보다 줄어들 가능성이 높다. 한국인의 삶이 더 외로워질 수 있다는 이야기다.

나카무라 닮아가는 철수

스물여덟 나카무라 유이치 씨의 하루는 오전 10시 느지막이 시작됐다. 전날 밤 편의점에서 사 온 도시락으로 아침 겸 점심을 때운다. 고향인 오사카에 떨어져 살고 있는 부모님이 보면 분명 "제대로 된 음식을 먹어야 한다"고 잔소리했을 거다. 혼자서 살다 보니 함바그(햄버그)부터 돈카츠(돈까스)까지 다양한 음식을 간편하게 먹을 수 있는 편의점 도시락을 자주 찾게 된다. 무엇보다 500엔 내외라는 가격이 가장 매력적이다. 며칠 전 구입한 유니클로 티셔츠를 꺼내 입고 100엔 숍에서 산 원두커피 한 잔을 마셨다. 어느새 11시. 나카무라 씨는 아르바이트 장소인 집 앞 제과점으로 갔다. 오후 4시까지 제과점 알바를 한 후 근처에 있는 선술집으로 향했다. 주방에서 직원들과 저녁식사를 한 후 오후 5시부터 홀 서빙 알바를 뛰었다. 그는 자정 무렵 편의점에서 내일 먹을 도시락을 산 후 집으로 돌아왔다. 맥북으로 드라마를 다운받아 보며 하루 일과를 마쳤다.

2016년 일본 도쿄에 거주하는 한 20대의 일과다. 장기화된 불황으로 취업에 실패한 나카무라 씨는 알바로 생활비를 벌고 있다. 식비를 줄이기 위해 편의점 도시락으로 끼니를 때우고, 저가 SPA(제조·유통 일괄화 의류) 브랜드를 선호한다.

나카무라 씨는 '사토리(さとり)'라 불리는 일본의 신인류다. 아이돌 테라다 타쿠야가 JTBC 예능프로그램 〈비정상회담〉에 출연해 사토리 세대를 '욕심 없는 젊은이들'이라고 소개한 바 있다. 사토리는 '득도, 깨달음'이란 뜻으로 1980년대 중후반에 태어난, 욕심 없는 세대를 가리킨다. 부나 출세에 욕심이 없고, 사치품이나 해외여행에 관심이 없다. 사토리 세대에겐 연애도 다른 세상의 이야기다. 취업난을 겪고 있는 한국의 청년들과 많이 닮아 있다.

사토리 세대가 등장한 배경에는 '잃어버린 10년'이 있다. 잃어버린 10년은 1990년대 지속된 일본의 유례없는 장기불황 시기를 말한다. 일본 경제의 거품이 꺼지면서 연평균 경제성장률이 1%대로 주저앉았다. 부동산 등 자산가치가 급락하면서 은행은 대출금을 돌려받지 못했다. 은행에 부실이 누적되자 일본 기업은 자금난에 허덕였다. 기업은 투자를 하지 않고, 국민들은 소비를 줄이는 불황의 늪에 빠졌다. 경기침체가 최근까지 이어지면서 '잃어버린 10년' 대신 '잃어버린 20년'이라고 불리기도 한다.

'저성장-저금리-저물가'의 악순환을 겪은 일본의 불황 초기단계는 우리나라의 현재 모습과 비슷한 면이 많다. 실제 2015년 저성장, 저금리에 이어 저물가까지 고개를 들면서 한국이 일본과 같은 장기 침체에 돌입할 수 있다는 우려가 커졌다.

2015년 소비자물가는 전년보다 0.7% 상승한 것으로 나타났다. 이는 통계가 작성되기 시작한 1965년 이후 가장 낮은 수준이다. 지금까지 소비자물가 상승률이 0%대로 떨어진 것은 외환위기 직후인 1999년뿐이다. 디플레이션(Deflation · 경기침체 속 물가 하락), 일명 'D의 공포'까지 엄습해 온 것이다. 국책연구기관인 한국개발연구원(KDI)도 이러한 점을 들어 "한국이 20년 전 일본이 걸었던 길을 뒤좇을 가능성도 배제할 수 없다"고 경고했다.

한국 경제는 일본의 잃어버린 10년과 유사한 추세를 보이고 있다. 그리고 한국의 청년들은 일본의 신인류와 닮았다. 잃어버린 10년과 사토리 세대는 더 이상 남의 나라 이야기가 아니다. 지금까지의 흐름으로 볼 때 불황이 장기화된다면 철수는 한국판 나카무라의 길을 갈 가능성이 높다. 저성장, 저금리, 저물가 '3저 현상'을 앓고 있는 현재, 많은 경제 전문가들이 두려워하는 부분도 바로 여기에 있다.

이처럼 대부분이 한국과 일본을 비교하며 절망을 이야기한다. 그러나 여기에는 희망을 볼 수 있는 대목도 있다. 희망은 철수와 나카무라의 차이에 있다.

일본 사토리 세대가 한국의 청년들과 다른 점이 있다면 이들은 지금 행복하다는 것이다. 일본 정부가 2014년에 발표한 생활만족도 조사에서 20대 10명 중 8명가량은 '삶에 만족한다'고 답했다. 일본 사회학자 후루이치 노리토시(古市憲壽)는 《절망의 나라의 행복한 젊은이들》이란 저서에서 일본 젊은이들이 행복한 이유를 '오늘보다 내일이 더 나아질 것이라는 희망을 잃었기 때문'으로 진단했다. 이보다 더 행복해질 수 없을 거라는 생각이 들 때, 지금 이 순간이 행복하다고 말할 수밖에 없다고. 한마디로 말해 '체념'의 단계라는 것이다. 사토리 세대는 미래를 포기해서 마음이 편해진 듯싶다.

반면, 일본 정부가 조사를 진행한 것과 같은 해 한국에서는 20대가 '행복하지 않다'는 조사 결과가 나왔다. 시장조사 전문기관인 마크로밀 엠브레인이 전국 만 19~59세 성인 남녀 1,000명을 대상으로 설문조사 한 결과, 우리 국민들이 느끼는 행복지수는 'D등급'에 해당하는 64.6점으로 집계됐다. 가장 행복하지 않다고 답한 연령대는 20대였다. 20대의 73.9%가 미래를 불안하게 느낀다는 조사도 있었다.

아이러니하게도 한국의 청년들은 불행하기 때문에 희망적이다. 일본의 사토리 세대는 체념해서 행복해졌지만 한국의 청년들은 체념의 단계까지 가지 않았기 때문에 불행을 느낀다. 불행하다는 인식이 있는 이상 개선의 여지는 분명히 있다. 실제 청년들을 중심으로 한 희망의 움직임은 이미 시작됐다. 무재테크 시대를 이겨내려는 신 재테크족과 일 시켜주지 않는 사회에서 혼자 일하는 사람 등이 그 주인공이다. 이들은 '대기업, 아파트, 자가용'으로 요약되는 성공의 기준을 새로 쓰고, 스마트 쇼퍼로 변신해 호갱시대를 종말시켰다. 불행한 신인류의 또 다른 단면이다.

무재테크 시대,
청년들이 주목하는 것

무재테크 시대의 재테크에 대하여

 2016년 초 종영한 드라마 〈응답하라 1988〉에서 여주인공 덕선이의 아버지인 성동일은 한일은행에 근무한다. 그는 이웃주민들과 재테크에 대해 이야기하면서 금리가 15%밖에 안 된다고 한탄한다. 당시 고등학생이었던 덕선이가 40대 중반의 아줌마가 된 현재 우리는 사상 첫 1%대 금리 시대를 맞게 됐다. 2016년 2월을 기준으로 현재 기준금리는 15% 숫자 사이에 점을 찍은 '1.5%'다.

 은행에 월급을 맡겨놓으면 차곡차곡 돈이 불어나는 시대는 옛날이 됐다. 이제 예금과 적금 이자로 돈을 불리기는 힘들어졌다. 주식시장의 상황도 열악하다. 세계 경제가 요동치면서 개미들의 투자 위험성은 더욱 커졌다. 여기에 주요 산업이 불황에 허덕이면서 기업의 가치를 반영하는 주식도 오르락내리락하고 있다. 이로 인해 주식형 펀드의 수익률은 연신 뒷걸음질 쳤다. 기존의 '적금, 주식, 펀드'와 같은 대표적인 재테크 수단들이 더 이상 제 역할을 하지 못하고 있다. 이 같은 무재테크 시대에 대체 어떻게 주머니를 불릴 수 있을까. 결핍의 시대를 맞은 청년들은 어떤 노력을 하고 있을까.

만나자마자 나이나 키를 묻는 낯 두꺼운 한국 사람들에게도 선뜻 묻기 어려운 질문들이 있다. 그중 하나가 '돈'에 관한 것이다. 소개팅에 나온 된장녀가 다짜고짜 월급이 얼마인지 물었다는 일화가 유명한 것도 이 때문이다. 상대방의 소득 수준과 통장에 찍힌 숫자를 묻는 건 가까운 친구 사이에서도 어려운 일이다. 물론 본인의 재정 상황을 공개하는 것도 많으면 많은 대로, 적으면 적은 대로 힘들다. 다른 사람들의 통장 속살을 보지 못했으니, '어차피 다들 돈 버는 방법을 모르고 산다'고 마음 편히 생각하는 청년들이 많다. 우리도 마찬가지였다. 카페 탁자와 식당 테이블에 오르는 주요 화제는 최근에 만난 '썸남'의 행태 분석과 직장상사 뒷담화, 인기 드라마였다. 그러다 보니 우리와 비슷한 또래들은 모두 재테크에 관심이 없는 줄 알았다. 그러나 취재를 통해 들여다본 청년들의 통장은 이런 우리의 뒤통수를 때렸다. 이들은 이미 저성장·저금리 시대를 대처하기 위해 그들만의 재테크를 하고 있었다.

주위를 둘러봐라. 순진무구한 표정을 짓고 있는 옆자리 동료 혹은 모아놓은 돈이 얼마 없다고 툴툴대는 친구의 통장 속살은 '역대급 대 반전'일 수 있다. 당신에게 들려주지 않았던 2016년 판 그들만의 재테크를 공개한다.

'금'을 노다지라고 하는 이유

서울 종로구 종로3가 귀금속거리. 통유리 뒤로 반짝이는 액세서리를 장식해놓은 금은방들이 줄지어 서 있다. 통유리 앞에서 액세서리를 구경하는 여성들과 금은방 안에서 반지를 구입하는 커플들이 눈에 띈다. 인터뷰를 마치고 함께 지하철역을 향하던 박주현 씨(32)는 그들에게서 시선을 떼고 말했다.

"다소 극단적인 표현일지 모르겠지만, 세상에는 두 부류의 여자가 존재해요. 금반지를 쇼핑하는 여자와 금에 투자하는 여자. 금을 반짝이는 액세서리로 보는 여자와 투자 대상으로 여기는 여자는 10년 뒤 다른 삶을 살고 있을 거예요."

공기업에서 웹디자이너로 근무 중인 주현 씨는 금에 투자하는 여자다. 그 흔한 실반지 하나 끼지 않았지만 그녀는 현재 금에 무한애정을 쏟고 있다. 금에 관심을 갖게 된 건 2015년 7월부터다. 당시 국제 금가격이 5년 내 최저치로 떨어졌다는 뉴스를 보고 문득 '이거 괜찮겠다'는 생각이 들었다. '경제 좀 아는' 그녀의 눈에 금값 하락은 투자의 기회로 보였다.

'금을 화폐로 사용했다'는 이야기를 들어본 적이 있을 것이다. 그만큼 금은 반짝이는 액세서리의 재료보다는 금융재화로서의 성격이 강하다. 부모님이 결혼 전 받은 패물을 장롱 속에 고이 모셔놓고 큰일이 있을 때 사용할 수 있는 자산으로 여기는 것처럼 금은 전통적인 안전자산이다. 금과 같은 안전자산으로는 '달러화'도 있다. 금은 매장량에 한계가 있고 공급량이 자유자재로 조절되기 어렵기 때문에 사람들이 얼마나 사느냐에 따라 가격이 오르고 내린다.

"당시 미국 경제가 회복세를 띠면서 기준금리 인상 가능성이 대두됐어요. 이로 인해 안전자산인 달러화가 강세로 돌아서자 상대적으로 금 투자 매력이 떨어진 것이죠. 금 최대 수요국인 중국과 인도의 수요가 예상치에 미치지 못한 점도 금값을 떨어뜨린 요인이었어요. 덕분에 금을 싸게 살 수 있는 기회가 왔고, 그만큼 반등할 가능성이 높아졌어요. 제가 금에 투자해야겠다고 결정한 이유죠."

게다가 같은 회사의 재테크 달인, 장 부장이 골드바를 매입했다는 소식을 들으니 도저히 가만히 있을 수가 없었다. 주현 씨도 골드바 시장을 기웃거렸다. 골드바를 사려면 종로3가에 나가야 하는 줄 알았는데 한국거래소부터 시중 은행, 홈쇼핑, 오픈마켓까지 다양한 곳에서 팔고 있었다. 그런데 골드바를 알아볼수록 점점 부담이 커졌다. 판매처에 따라 가격이 달랐고, 어떤 게 좋은 골드바인지 알 수가 없었다. 적혀 있는 순도도 확실한 것인지 의심이 들었다. 결국 골드바 구입을 포기한 후 다른 쪽으로 눈을 돌렸다. 금 투자는 실제 금을 사고파는 것밖에 없다고 생각했는데 알고 보니 실물 거래를 하지 않아도 금에 투자하는 방법이 있었다. 이 방법이 바로 '골드뱅킹'과 '펀드 상품'이었다.

골드뱅킹은 '금 통장'이라 불린다. 은행 계좌에 돈을 넣으면 국제시세에 맞춰 금을 사는 상품이다. 진짜 금을 사고팔지 않고도 금값이 오르면 수익을 얻을 수 있다. 실시간으로 매매할 수 있고, 0.1g 단위의 소액 투자도 가능하다. 다만 환율이 오르거나 내리는 변동성이 수익에 고스란히 영향을 준다는 불안요소가 있다. 수익이 달러화로 환산되기 때문에 금값이 올라도 달러 가치가 떨어지면 수익이 낮아질 수 있다.

금 펀드 상품은 금 관련 기업의 주식에 투자하는 '주식형'과 금 선물에 투자하는 '파생형', 그리고 금 관련 '상장지수펀드(ETF, Exchange Traded Fund)' 등으로 나뉜다. 그녀는 이중에서 금값에 연동되는 ETF에 여윳돈 30만 원을 투자하기로 결정했다. ETF는 특정 지수나 자산의 가격 변동과 수익률이 함께 움직이도록 설계된 펀드다. 거래소에 상장돼 있어 주식처럼 사고팔 수 있다. 주식과 펀드의 속성을 모두 갖고 있는 셈이다. 원화로 직접 실시간 투자할 수 있고, 비교적 적은 돈으로 투자가 가능해 여윳돈이 많지 않은 주현 씨에게 딱 맞는 상품이었다.

"'대체투자'라고 들어봤나요? 주식, 채권 등 전통적인 재테크 대상이 아닌 것에 투자하는 것을 대체투자라고 합니다. 제가 선택한 금 투자도 대체투자라고 할 수 있죠. 여기에는 원유, 옥수수 등도 투자 대상이 될 수 있어요. 공부하는 만큼 투자 대상은 불어나고, 그만큼 돈을 벌 수 있는 기회도 많아지게 되는 것이죠."

'환율'을 주목하라

취업준비생 강선우 씨(28)에게는 두 살 터울의 남동생이 있다. 남동생과의 공통점은 부모님이 같다는 것 외에는 찾아보기 힘들 정도로 외모도, 성격도 달랐다. 작고 마른 체구의 선우 씨는 부모 속 한번 썩이지 않고 자랐다. 반면, 선우 씨보다 덩치가 컸던 남동생은 크고 작은 소란을 일으키고 다녔다. 중학교 때부터 여러 싸움에 휘말리기 일쑤라, 부모님은 학교 선생님뿐 아니라 경찰의 연락을 받고 허둥지둥 집을 나서기도 했다. 학업 성적도 좋지 않았다. 생소한 이름의 대학교에 입학한 후에도 수업에 빠지거나 술에 취해 사고를 치는 등 정신을 차리지 못했다. 가족들의 고민이 깊어질 즈음 다행인지 불행인지 남동생은 입대했다. 2년 뒤 이전과는 달라진 모습으로 제대한 그는 가족들에게 처음으로 꿈에 대해 입을 열었다. 미국에서 영어를 배우며 패션 공부를 해보고 싶다는 것이었다. 여태껏 무엇을 하고 싶다는 말을 해본 적이 없었기 때문에 가족들은 남동생의 말에 귀를 기울였고, 꿈을 밀어주는 쪽으로 결론을 내렸다.

선우 씨가 환율에 관심을 갖기 시작한 것도 이때부터였다. 남동생이 미국으로 유학을 간 후 학비와 생활비를 달러화로 바꿔 보내주곤 했는데 그럴 때면 가족들은 언제 환전을 해야 할지 고민했다. 취업준비생인 선우 씨가 가계에 보탬을 줄 수 있는 방법 중 하나가 적절한 환전 시기를 알아보는 것이었다. 달러화가 언제 오르고 떨어질지를 알아보면서 글로벌 경제뉴스를 찾아보게 되었다. 남동생이 유학을 결정했던 2015년 1월, 초저금리를 유지하던 미국의 금리 인상 전망에 환율이 들썩였다.

'금리 인상설'이 고개를 들면 달러를 빌려 투자한 이들이 대출 금리가 오르기 전에 돈을 회수하려 한다. 글로벌 시장에 풀렸던 달러화가 다시 본국으로 흡수되니 이는 달러화의 가치 상승으로 이어진다. 이 같은 흐름은 실제 2015년 12월 미국이 금리 인상을 단행하면서 2016년에 그대로 재현됐다[표❸].

선우 씨는 달러화가 오르기 전에 환전해야 했기 때문에 항상 환율과 경제뉴스를 예의주시할 수밖에 없었다. 그렇게 3개월간 환율을 들여다보다가, '달러화에 투자해보면 어떨까'란 생각이 들었다. 미국이 금리를 인상하기 전에 달러화에 투자하면 싸게 사고 비싸게 팔 수 있을 것 같았다. 물론 달러화 가치가 더 떨어지면 손실을 보게 되겠지만. 선우 씨

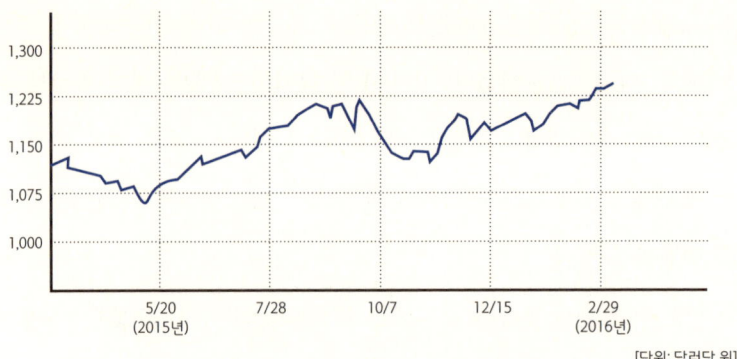

표❸ 최근 10개월(2015.5~2016.2) 내 '원달러 환율 추이'

와 똑같이 생각하는 사람이 많았는지 당시 달러예금 가입자가 급속도로 늘고 있었다. 더 늦기 전에 합류하기 위해 아버지와 함께 은행을 찾았다. 은행에는 달러화를 비롯해 위안화, 유로화, 엔화 등 다양한 외화예금 상품이 있었다. 그는 계획대로 달러예금 가입서류에 도장을 찍었다.

외화예금은 원화를 달러화, 위안화 등 해당 통화로 환전한 후 예금한다. 이후 출금할 때 원화로 다시 환전해서 받을 수 있는 상품이다. 외화가 없으면 원화를 맡기면 된다. 그날 환율로 환전돼 통장에 예치할 수 있다. 해당 통화의 가치가 오르면 예금이자 소득뿐 아니라 환차익도 얻을 수 있어서 환율이 급변하는 시기에 눈여겨볼 만하다. 달러예금의 연이자율은 1%대 미만으로 다른 상품에 비해 낮은 편이지만 최대 5,000만 원까지 예금자 보호를 받을 수 있는 데다가 환차익에 대한 세금이 부과되지 않는다.

"예전만 해도 제가 환율을 들여다보는 때는 여행 가기 전뿐이었어요. 그야말로 '환율무식자'였죠. 골칫덩어리 동생이 저에게 준 선물 중 하나가 환율 공부라고 생각해요. 덕분에 글로벌 경제에도 관심을 갖고, 새로운 재테크 방법을 발견하게 됐으니까요. 평소 아버지의 재테크를 도우면서 '저금리의 굴레를 벗어날 수 있는 방법이 없을까?' 궁금했는데, 환율에서 그 답을 찾은 것 같아요."

그는 마지막으로 '환율 변동성은 기회인 동시에 위기'라고 강조했다. 환율은 여러 가지 경제 변수에 의해 움직인다. 선우 씨는 이로 인해 미국 금리 인상으로 달러화 가치가 오를 것이란 예상이 100% 맞아떨어지지 않을 수도 있었다고 말한다. 즉, 미국이 금리 인상을 실시한 후 글로벌 금융시장의 불확실성이 해소되면 오히려 예상과 다른 결과가 나타날 가능성도 있었다는 설명이다.

가치에 투자하는 재테크, '경매'

청년들의 신(新) 재테크에 대해 취재를 하던 중이었다. 맞은편에 앉아 자신만의 재테크법을 소개하는 인터뷰이를 보며, '세상에 완벽한 남자는 없다'는 믿음에 금이 가고 있었다. 책을 통해 고백하건데 중학교 교사로 재직 중인 이민호 씨(34)는 이름만큼이나 훈훈했다. 가방을 걸어둬도 될 것 같은 직각 어깨에, 눈웃음을 짓는 그는 그야말로 '취향저격'이었다. 재테크에 성공해 최근 은평구에 집까지 마련해둔 능력까지. '인터뷰 끝나고 밥이나 먹자고 해야지' 딴생각에 잠겨 있을 무렵, 그의 한마디가 정신 차리라는 듯 찬물을 확 끼얹었다.

"결혼할 사람이 있으니 아무래도 부동산에 가장 먼저 관심이 갔죠."

빈속에 샷 추가한 아메리카노를 들이붓는 것처럼 속이 쓰렸지만 덕분에 평정심을 되찾고 인터뷰에 집중할 수 있었다. 2015년 말에 만난 민호 씨는 '부동산 불패신화'를 믿고 있었다. 부모님이 부동산 재테크를 통해 집 평수를 넓혀왔고, 저금리로 재테크가 힘들어진 최근까지도 집값 상승 소식은 끊이지 않고 나오고 있기 때문이다. 이로 인해 그는 재테크 하면 부동산을 가장 먼저 떠올린다고 했다. "실제 2015년 1월부터 9월까지 전국 아파트 전세 가격 상승률이 지난해 연간 상승률을 넘어섰다는 조사도 나왔어요. 특히 서울의 아파트 전세 가격 상승률은 7.49%로 지난해 연간 상승률 4.86%를 큰 폭으로 따돌렸죠. 1%대 적금 금리로 재테크를 하는 것보다 부동산이 더 낫다는 생각이 들 수밖에 없어요."

중학교 교사가 받는 평균 월급을 감안했을 때, 그가 집을 살 수 있는 방법은 부모의 도움을 받거나 교사라는 안정적인 직업을 내걸고 대출을 받는 것밖에 없어 보였다. 그런데 민호 씨는 두 가지 방법에 대해 모두 고개를 절레절레 저었다. 그가 뻔한 월급으로 내 집 마련에 성공할 수 있었던 방법은 '경매'였다. 주식, 펀드, 적금 다 해봤지만 아무리 계산기를 두드려도 결혼 전에 집을 살 수 있을 만한 금액은 나오지 않았다. 고민을 하던 그에게 구원의 손길을 내민 이는 같은 학교 박 선생이었다.

당시 교무실에는 50대 초반의 박 선생이 부동산 경매로 1억 원의 수익을 냈다는 소식으로 떠들썩했다. 박 선생은 부동산 경매시장을 기웃거리다가 수차례 유찰돼 가격이 '뚝' 떨어진 매물을 발견했고, 이를 다시 팔아 수익을 낸 것이었다. 이런 그의 이야기는 민호 씨를 경매시장으로 등 떠밀었다. 민호 씨는 6개월여간 박 선생을 따라다니며 경매 교육을 듣고, 법원 경매 현장을 찾아다녔다. 그렇게 경매시장에 발을 들인 지 1년 만에 서울 은평구의 한 아파트를 얻게 됐다. 아파트의 감정가는 6억 원 수준이었지만, 세 차례 유찰되면서 가격은 절반 수준으로 떨어졌다. 그는 '결혼 전에 낙찰받은 아파트를 월세로 내놔 임대 수입을 얻을까, 아니면 다시 팔아 시세 차익을 볼까' 고민하고 있다. 물론 아파트값을 지불하기 위해 일부 대출을 받았지만 임대 또는 매매를 통해 충분히 대출금을 갚고도 이득을 볼 수 있다고 판단했다. 월급을 단 한 푼도 쓰지 않고, 16년을 꼬박 모아야 살 수 있는 아파트를 경매 덕에 입사 6년 차에 구입하게 된 셈이다.

운이 좋은 사례처럼 보이지만 민호 씨는 경매 성공이 '30%의 운'과 '70%의 노력'으로 이뤄진다고 이야기한다. 경매에서 중요한 것은 '가치'를 따져보는 것인데 가치를 알아보는 눈을 키우는 것은 노력이 좌우한다는 설명이다. 그는 임대 수익과 시세 차익을 얼마나 얻을 수 있는지를 따져보기 위해 발품을 팔았다. 아파트가 직장인들이 선호하는 지역에 있는지, 교통 이용이 용이한지, 편의 및 문화시설이 잘 갖춰져 있는지, 교육 환경은 괜찮은지 살펴봤다. 또 부동산 경매 물건은 여러 가지 위험한 권리가 얽혀 있어, 인터넷에서 관련 서류를 떼 전문가에게 상담을 받기도 했다.

민호 씨는 부동산 경매에 성공한 이후 최근 미술품 경매에 눈독을 들이고 있다. 미술품 경매는 주말마다 전시회에 다니는 그에게 취미생활과 재테크를 한 번에 할 수 있는 채널이다. 또 흔히 미술품 경매라고 하면 '억' 소리 나는 고가의 작품을 떠올리는데, 실제 10만 원대의 미술품 경매도 가능하다. 그는 전시회 대신 미술품 경매장을 찾으며 '대박' 작품을 기다리고 있다. "많은 사람들이 경매에 대해 부정적인 인식을 갖고 있는데 경매는 대한민국의 합법적인 재테크 수단이에요. 저금리로 돈을 불리기가 힘들어지자 언론에서는 경매에 성공하는 법을 소개하고,

서점에 가면 경매 관련 책이 가판대를 가득 메우고 있어요. 그만큼 경매가 대중화되면서 2535세대도 경매시장에 모이고 있는 추세예요. 게다가 최근 온라인 경매가 활성화돼 젊은 층도 쉽게 경매에 접근할 수 있게 됐거든요."

당신만 외면하고 있는 불황 재테크

불황에 뜨는 재테크법이 있다. 저금리에 경제흐름이 불안하니 안전한 자산에 투자하는 것이 바로 그 재테크법이다. 앞서 살펴본 '금테크'와 '환테크', '경매'(성격이 조금 다르긴 하지만) 등이 무재테크 시대의 신재테크법이다.

실제 세계금협회(WGC)에 따르면 2015년 귀금속용 금 수요는 전년보다 3% 줄었지만 투자용 금 수요는 8%가 늘었다. 또 2016년 2월 한국거래소가 운영하는 KRX금시장에서는 개장 이후 역대 최대치의 금이 거래되기도 했다. 환테크도 마찬가지다. 2015년 말 달러화 예금 잔액은 472억 5,000만 달러로 전년 말보다 112억 5,000만 달러 증가했다. 위안화 예금이 대폭 감소하면서 전체 외화예금 잔액은 줄었지만 달러화를 비롯해 엔화, 유로화 모두 잔액이 많아졌다. 이와 함께 최근 경매시장에 청년들이 모여들고 있다는 뉴스가 속속 등장하고 있다.

이처럼 수많은 2535세대 청년들이 저성장·저금리 시대를 이겨내기 위한 방법을 찾아가고 있다. 그런데 잘 보면 이들이 가진 한 가지 공통점이 있다. "ETF는 신상백이냐"고 묻는 천진난만한 어느 20대 여성과 달리 재테크 분야에 관심을 갖고 있다는 것이다. 사실 여기서 하고 싶었던 이야기는 앞서 말한 청년들처럼 당장 금이나 외화, 경매에 돈을 투자해보라는 것이 아니다.

무재테크 시대에도 분명 돈을 불리는 방법은 있고, 돈을 불리려면 적어도 재테크 흐름을 제대로 파악하고 있어야 한다는 거다. 관심을 갖고 공부하라는 조언은 뻔한 이야기다. 그러나 무재테크 시대에는 이 뻔한 이야기가 더욱 중요해진다. 쓸 만한 재테크 채널이 그만큼 줄어들었기 때문에 남들보다 먼저 짱짱한 투자처를 찾으려면 흐름을 꿰뚫어볼 수 있는 눈을 키워야 한다. 금을 액세서리로 파악하는 이들, 여행 갈 때나 환율을 체크하는 이들은 무재테크 시대에 순응할 수밖에 없다.

우리는 '재테크 흐름을 어떻게 파악해야 하나', '그런 건 어디서 볼 수 있나'라고 묻는 2535세대 청년들을 위해 무재테크 시대에 반드시 알아두어야 할 재테크 흐름을 보여주려고 한다. 청년들이 놓여 있는 현상과 함께. 저금리 시대의 은행사용설명서와 재테크 성공의 키가 된 세테크, 호갱 종말을 고하는 법과 아버지 시대와는 달라진 주식 · 펀드 투자법, 그리고 말년의 삶을 계획해볼 수 있는 재테크 등이 이 책장 뒤에 담겨 있다.

가진 것 없는
서른에게 있는 것?

우리의 청년 시절은 어떻게 기억될까

상상해보자. 20년 후 우리는 다음과 같은 일상을 보내고 있지 않을까?

금요일 저녁 남편이 씻는 동안 아내는 맥주와 간단한 안주를 준비한다. 소파에 몸을 묻고 맥주를 들이켜던 부부는 TV를 켠다. 요즘 부부의 즐거움은 금요일 저녁에 방영하는 드라마 〈응답하라 2016〉이다. 옛 추억을 마른안주와 함께 곱씹으며 한 주간의 스트레스를 씻어낸다. 이제 예전처럼 불금을 즐길 수 없는 쉰 살의 두 사람을 위로해주는 시간인 셈이다. 특히 여주인공의 남편을 찾아가는 내용이 예전 시리즈보다 더 복잡하게 얽히고설켜 흥미진진하다. 여자의 주위에는 세 명의 남자가 있다.

가장 유력한 남편감은 '이케아'다. 대개 드라마의 남자 주인공이 그렇듯 스펙이 아주 화려하다. 평범한 집에서 태어나 서울 상위권 대학의 경영학과를 졸업한 그는 토익 930점, 자격증 4개, 다년간의 인턴 경력, 어학연수 경험 등을 갖춘 노력형 엄친아다. 그러나 최근 기대에 한참을 못 미치는 연봉에 2년 계약직 근로자로 입사한 후 슬럼프에 빠져 있다. 이 때문에 여주인공과의 애정 전선에서 금이 가기 시작했다. 이틈을 타 '빨대족'이 존재감을 드러낸다. 부유한 부모님한테 얹혀살며 별다른 걱정 없는 듯한 그는 여주인공이 힘들 때마다 기사처럼 '뿅' 하고 나타난다. 여자는 그의 다정다감함에 흔들리고 있는 중이다. 마지막 남자는 여자와 같은 과에 다니는 '화석 선배'다. 학교를 6년째 다니고 있는 화석 선배는 친구 그 이상으로 보이지 않는다. 그러나 공무원 시험에 떨어질 때마다 같이 술을 마시며 가끔 묘한 분위기를 풍기기도 한다.

다시 현재로 돌아와서, 〈응답하라 2016〉과 쉰 살의 부부에 대한 상상은 〈응답하라〉 시리즈가 꾸준히 흥행가도를 이어간다면 충분히 있을 법한 일이다. 실제 2016년을 살아가는 청년들 사이에는 수많은 '이케아'와 '빨대족', '화석 선배'가 있으니 말이다.

이들 이름은 모두 2535세대를 지칭하는 신조어다. 이케아 세대는 뛰어난 스펙을 갖췄지만 낮은 급여와 고용 불안에 시달리는 청년을 가리키는 말이다. 실용적이고 세련됐지만 저렴한 가격의 가구브랜드 '이케아'에 빗대어 표현했다. 빨대족은 부모에게 기대 살아가거나 부모의 노후 자금까지 자기 돈처럼 사용하는 자녀를 비꼬아 부른 것이고, 화석 선배는 취업 전까지 학생 신분을 유지하기 위해 졸업을 미룬 고학번 선배들을 화석에 비유한 용어다. 이외에 비정규직으로 살아가는

'88만원 세대', 장기간 미취업족인 '장미족', 졸업을 미루는 'NG(No Graduation)족', 욕심 없이 현재에 만족하며 사는 '달관 세대' 등도 2535세대를 일컫는 용어들이다. 지금까지 이보다 많은 별명을 가진 세대는 없었다.

청년을 가리키는 용어는 하나같이 포기와 우울함을 담고 있다. 무수한 신조어들이 탄생한 출발점이 바로 취업난이기 때문이다. 일할 곳 없는 상황에서 청년들에게 연애나 결혼은 사치이고, 취업에 조금이라도 나은 조건을 갖추기 위해 대학 졸업을 미룬다. 그러다 보니 부모와 함께 살며, 부모 등에 빨대를 꽂을 수밖에 없는 청년들이 점점 늘어난다. 이를 벗어나기 위해 질 낮은 일자리를 구하지만 우울한 상황은 계속된다. 이러한 현실을 반영한 것이 청년들을 가리키는 신조어다.

얼마 전 인기(사심을 담아) 아이돌 방탄소년단의 노래를 듣던 중 다음의 가사가 귀에 들어왔다. '3포 세대, 5포 세대. 그럼 난 육포가 좋으니까 6포 세대. 언론과 어른들은 의지가 없다며 우릴 싹 주식처럼 매도해.' 평균 나이 20.7세의 아이돌 입에서까지 3포 세대가 나오는 걸 보면 신조어는 이미 이 시대 청년들을 대변하는 용어가 된 것으로 보인다. 훗날 중년이 된 청년들은 자신들의 20대, 30대를 돌아봤을 때 어떤 기억을 떠올릴까?

'찬란한 청춘'은 어디로 갔나

청년이라고 하면 가장 먼저 '청년실업'이라는 말이 떠오른다. 그러나 이전까지만 해도 청년과 가장 가까이 존재했던 단어는 '문화'였다. 청년들은 새로운 문화를 앞장서서 받아들였고, 그들 세대가 누렸던 문화는 찬란한 추억으로 남아 있다. 안방의 붙박이장에 있는 낡은 앨범을 뒤적이다 보면 낯선 사람들을 마주하게 된다. 무릎 위로 올라오는 미니스커트에 사자같이 풍성한 파마머리를 한 여성, 그리고 곱슬곱슬 장발에 얼굴의 절반만 한 안경을 쓴 남성이 그 주인공이다. 누렇게 뜬 사진 테두리와 이들에게서 풍겨지는 촌스러운 느낌이 흘러간 시간을 짐작케 한다. 이 낯선 이들은 짧은 치마를 볼 때마다 '팬티 보이겠다'며 잔소리하는 엄마와 단정함을 강조하는 아빠다. 부모님에게도 젊은 시절이 있었다는 것은 알고 있지만 직접 눈으로 확인했을 때는 충격적이었다.

1970~1980년대 우리 부모님들은 로큰롤과 포크송에 열광하는 20대였다. 당시는 금기였던 장발과 미니스커트를 유행시키며 사회에 반항했다. 1987년 6월 항쟁에 참여했고, 대학에서는 띠를 두르고 민주주의를 외쳤다. 고성장의 혜택을 누린 덕분에 지금처럼 취업하려 안달복달하는 학생은 찾아보기 힘들었다. 이들은 '베이비붐 세대' 또는 '386 세대'라고 불린다. 물론 개인마다 다른 생각과 우선순위가 있었겠지만 당시 청춘들은 반항과 데모로 더 나은 사회를 꿈꿨다. 취업을 위한 학과를 선택하고, 구직 준비를 하는 것이 시급한 지금의 청춘들과는 다른 모습이다. 또 그들에게는 통기타를 튕기거나 스웨이드 구두를 바닥에 비벼대며 음악을 즐기는 남다른 흥도 있었다.

386 세대의 바통을 이어받은 청춘들에게도 찬란한 문화가 있었다. 이들은 1990년대 'X 세대'란 이름으로 20대를 보냈다. 대중가요의 한 획을 그은 '서태지와 아이들'이 등장했고 록카페, 디스코텍 등의 유흥문화가 밤거리를 환하게 비췄다. 발보다 큰 워커와 골반에 걸쳐 입는 힙합바지가 유행했다. 젊은이들이 힙합바지를 질질 끌고 지나가면 길거리

청소도 뚝딱이었다. "야, 타!"라고 외쳐서 '야타족'이 된 헌팅남녀와 그 시대 강남오빠인 '오렌지족'도 이때 탄생했다. 386 세대에 비해 사회문제에 대한 관심이 낮았으며, 개인 및 개성에 초점이 맞춰져 있었다. 이들은 디지털 시대의 포문을 연 주인공들이기도 하다. 공중전화 대신 벽돌 휴대폰을, CD플레이어 대신 MP3를 어느 세대보다 빨리 접했다. 드라마 〈응답하라 1994〉 마지막 화의 내레이션처럼 '아날로그와 디지털, 그 모두를 경험한 축복받은 세대'였다.

2016년 청춘들의 삶은 단순하다. 대학생들의 관심은 구직에 집중돼 있다. 이들은 1997년 IMF 외환위기, 2003년 카드대란, 2008년 글로벌 금융위기 등을 배경으로 성장했다. 이후 장기화된 불황이 낳은 저성장 시대에서 사회생활을 시작했다. 이들이 사회에 나와 처음 맞닥뜨린 문제가 바로 취업난이다. '문송합니다(문과라서 죄송합니다)'나 '취업깡패(취업이 잘되는 과)' 등과 같은 신조어에서도 알 수 있듯이 꿈보다는 일자리를 구하는 것이 더 먼저다. 또 연애, 결혼, 육아 등 이전 세대에게는 당연했던 삶의 일부가 이제는 선택의 문제가 됐다. 그간 대한민국 청년을 대변했던 '열정', '생동감', '낭만'의 키워드는 더 이상 적용되지 않는다.

별명은 청년의 삶, 그 자체가 되어버렸다

대체 지금의 2535세대를 가리키는 이름은 어떻게 등장한 것일까. 청년의 또 다른 이름이 쏟아져 나오기 시작한 것은 '88만원 세대'가 나온 후부터다. 이는 2007년 경제학자 우석훈 박사와 사회운동가 박권일이 공동 집필한 경제비평서 《88만원 세대》에서 나온 용어다. 책이 베스트

셀러에 오르면서 이 용어는 청년들의 경제적 상황을 대변하는 말로 자리 잡았다. '88만 원'은 비정규직의 평균 임금액을 의미한다. 비정규직 평균 임금 119만 원에 20대의 평균 소득 비율 74%를 곱해 나온 금액이다. 2012년 우 박사는 88만원 세대가 자신이 의도한 것과 다른 의미로 쓰이고 있다며 절판을 선언했지만, 여전히 암울한 청년층을 일컫는 용어로 사용되고 있다.

5포 세대와 7포 세대의 시초인 3포 세대는 2011년 5월 경향신문 기획시리즈 〈복지국가를 말한다〉의 특별취재팀이 만든 신조어다. 청년층은 불안정한 일자리, 학자금대출 상환, 기약 없는 취업준비, 치솟은 집값 등 과도한 삶의 비용을 치러야 한다. 이로 인해 연애와 결혼, 출산을 포기하거나 기약 없이 미룬다. 특별취재팀은 가족 구성에 필요한 통상적인 세 단계를 포기한 이들을 3포 세대라 이름 붙였다. 결핍의 시대를 맞은 청년들의 상황을 보여주는 용어로 다양한 미디어를 통해 확산됐다. 요즘 많이 쓰이는 이케아 세대의 경우 한양대 국제대학원 전영수 특임교수가 2013년 11월에 출간한 저서 《이케아 세대 그들의 역습이 시작됐다》에서 처음 사용했다. 1978년을 전후로 태어난 세대가 처한 현실을 설명하기 위해 쓴 용어다. 이케아의 강점은 감각적이고 실용적인 디자인과 저렴한 가격이다. 이케아 세대도 이와 비슷한 특성을 지니고 있다고 전 교수는 말한다.

별명은 대부분 그 사람을 주변에서 지켜본 이들이 특징을 잡아 지어준다. 만취해도 자정 전에 귀가하는 지민이에게 '신데렐라'라는 별명이 붙은 것도, 밥 먹을 때 테이블에 음식물을 잔뜩 흘려놓는 봉구를 '턱받이'라고 부르게 된 것도 모두 이러한 과정을 거쳤다. 지민이와 봉구의 일부가 별명이 됐듯 별칭이 그 사람의 전부를 대변할 수는 없다. 청년들을 가리키는 신조어 역시 그렇다. 2535세대가 겪고 있는 특정한 사회·경제적 상황을 반영해 만들어진 별명은 현상의 일부를 부르는 용어일 뿐이다. 그런데 이들 신조어는 별명 그 이상의 영향을 미치고 있다. 일부 특정한 상황에서 시작했지만 지금은 전체 청년층을 가리키는 말이 됐다. 일자리를 구하지 못하고, 결혼이나 육아 등을 포기한 청년들이 늘어난 것은 사실이다. 그러나 각종 미디어가 신조어로 2535세대를 이야기하면서 청춘들은 으레 힘들고, 포기하는 것으로 낙인찍히고 있다. 청춘의 이미지가 우울해지고, 청년들이 스스로를 불행하다고 단정하는 것도 이와 무관하지 않다.

몇 년 전 화제가 됐던 책《물은 답을 알고 있다》에 이런 설명이 있다. 물의 결정체는 사람이 어떤 말을 해주는지에 따라 변한다는 것이다. 긍정적인 말을 들은 결정체는 모양이 아름다웠지만 부정적인 말을 접한 결정체는 모양이 흐트러졌다. 물도 그런데 하물며 사람은 어떻겠나.

'진짜 위로'가 필요한 청년들

2015년 여름, 2535세대가 가장 뜨겁게 반응했던 별명이 있다. 그들을 웃고 울리게 한 이름은 바로 '코딱지'다. 기성세대가 부르던 별칭이고, 단어 자체만 놓고 보면 신조어들보다 더 부정적인 느낌이 들기도 한다. 그런데 청년들은 이 이름을 들으며 행복해했다. 코딱지란 이름을 부른 주인공은 '종이접기 아저씨' 김영만 종이문화재단 평생교육원장이다. 김 원장은 1980~1990년대 유아계의 〈무한도전〉과도 같았던 KBS2 〈TV 유치원 하나둘셋〉에서 종이접기를 가르쳤다. 시간이 흐르며 잊혔던 종이접기 아저씨가 20여 년 만에 TV에 다시 모습을 드러냈고, 그의 등장과 함께 2535세대가 한데 모였다. 청년들은 SNS를 통해 종이접기 사진을 올리거나 아저씨와 관련된 옛날이야기를 공유했다. 물론 이에 공감하지 못하는 청년들도 있었지만 전반적으로 종이접기 아저씨에 대한 관심은 뜨거웠다. 기성세대가 청년들을 칭하는 말에 이토록 열광한 것은 처음이었다. 청년들이 종이접기 아저씨에게서 느꼈던 것은 '위로'였다.

많은 청년들이 어렸을 때 종이접기 아저씨를 보며 색종이 놀이를 했다. 아저씨 이야기에 귀를 기울이며 고사리 손으로 종이접기를 따라 했다. 아저씨는 열혈 제자들을 '코딱지'라고 부르면서 친절하게 설명해줬다. 종이접기에 실패해도 나무라지 않았고 어려우면 엄마, 아빠한테 부탁하라고 했다. 아저씨는 종이접기 성공 여부에 상관없이 "잘했다"고 칭찬했다. 이러한 추억을 안고 자란 세대가 이제는 사회로 나왔다. 현실은 팍팍하고 건조했다. 그들에게 붙여진 이름은 한결같이 '실패'를 함축하는 듯했다. 무엇을 해도 청년들에게 "잘했다", "이제 됐다"라는 말을 해주는 이는 없었다. 그런데 TV에 따뜻한 추억으로 남아 있는 이 아저씨가 다시 등장했다. 이미 훌쩍 커버린 코딱지들을 보고 "착하게 잘 자랐다"며 고마워했다. "이제는 어른이 됐으니까 뭐든 잘할 수 있을 거다"라고 어깨를 두드려주기도 했다. 아저씨의 말에 20대, 30대 청년들은 울컥했다.

이후 SNS를 눈물바다로 만든 일이 있었다. 다시 방송에 출연한 아저씨에게 한 네티즌이 '직장 좀 만들어주세요'라고 농담 반, 진담 반으로 글을 띄워 보냈다. 그러자 아저씨는 한동안 말을 잇지 못하다 어렵게 입을 뗐다. "내가 만들 수 있으면 하루 종일 만들어줄 수 있을 텐데 그렇지 못해서 미안해요. 사실 정규직, 비정규직 이런 거 전 잘 몰라요. 이런 사회 자체는 어르신들이, 어른들이 만들어놨죠. 하지만 이런 힘든 세상에서 긍정적으로 생각해보면 어떨까요. 제가 여러분한테 '참 쉽죠'라고 말하는 것은 여러분들이 '쉽다, 쉽다' 긍정적으로 생각하도록 그러는 거예요. 파이팅입니다. 어른 입장에서 죄송합니다. 정말 미안해요."
그리고 아저씨는 고개를 숙여 사과했다. 이후 온라인 포털사이트, SNS 등에서는 '김영만 아저씨의 공개 사과'란 제목으로 그가 한 말과 고개를 숙이고 있는 모습이 퍼져 나갔다.

종이접기 아저씨와 함께 인기를 끌었던 요리연구가 백종원에게도 '위로' 코드가 있었다. 그는 요리연구가라고 하면 떠오르는 고급스럽고 접하기 힘든 요리가 아니라 집밥을 만들었다. 집에서도 쉽게 만들 수 있는 요리법을 알려주며 "괜찮아유"라고 말한다. 애플민트 대신 깻잎으로 모히또를 만들고, 까르보나라에 허브가 아닌 파를 고명으로 얹는다. '없어도 되는 요리법'을 대안으로 제시하며 누구나 할 수 있다는 용기를 불어넣어줬다. 종이접기 아저씨와 백종원의 인기는 청년들에게 얼마나 위로가 필요했는지를 보여주는 대목이다.

요즘 우리 청춘들은 우울하다. 2015년 6월 취업준비생 10명 중 무려 9명이 우울증에 시달리고 있다는 조사 결과가 나오기도 했다. 취업 포털사이트 잡코리아가 취업준비생 465명을 대상으로 '취업준비를 하며 우울증을 경험한 적이 있는가'라고 물은 결과, 응답자의 94.5%가 '그렇다'고 답했다. 우울증의 주된 원인은 미래에 대한 불안감이었다. 이외에 '계속되는 탈락으로 인해', '취업 경쟁에서 이길 자신이 없어서', '취업에

연령 (세)	1위			2위			3위		
	사망원인	구성비	사망률	사망원인	구성비	사망률	사망원인	구성비	사망률
1~9	악성신생물	17.8	2.1	운수사고	10.5	1.2	선천 기형, 변형 및 염색체 이상	9.5	1.1
10~19	운수사고	26.2	4.8	고의적 자해 (자살)	24.7	4.5	악성신생물	14.3	2.6
20~29	고의적 자해 (자살)	45.5	17.8	운수사고	15.4	6	악성신생물	10.6	4.1
30~39	고의적 자해 (자살)	36.9	27.9	악성신생물	19.5	14.7	운수사고	7.8	5.9
40~49	악성신생물	29.3	48.6	고의적 자해 (자살)	19.5	32.4	간 질환	7.9	13.2
50~59	악성신생물	38.8	144.6	고의적 자해 (자살)	9.8	36.4	심장 질환	7.9	29.3
60~69	악성신생물	44.1	344.4	심장 질환	8.6	67.1	뇌혈관 질환	7.7	59.8
70~79	악성신생물	35.1	827.1	뇌혈관 질환	10.5	248.5	심장 질환	9.9	234.6
80 이상	악성신생물	17.3	1,490.80	심장 질환	11.9	1,027.20	뇌혈관 질환	10.8	925.1

[단위: %, 인구 10만 명당]

표❹ 2014년 연령별 3대 사망 원인 구성비 및 사망률

필요한 스펙을 쌓는 게 힘들어서', '취업준비 기간이 너무 길어져서' 등이 요인으로 꼽혔다. 취업준비로 인한 우울증은 일상생활에도 영향을 미쳤다. 응답자의 87.1%는 '우울증이 일상생활에도 지장을 주고 있다'고 말했다. 우울증이 미치는 영향은 무기력증과 짜증, 대인기피, 만성피로, 부정적인 사고 등이었다.

청년들의 우울한 상황을 보여주는 통계도 있다. 2015년 통계청이 발표한 '2014년 사망원인 통계'에 따르면 우리나라 20대와 30대의 사망원인 1위는 자살이었다. 모든 연령층에서 자살률이 감소했지만 유독 20~30대 남성만 늘었다[표❹].

우울증에서 자살까지 극한의 상황에 놓인 청년들에게는 위로가 절실하다. 종이접기 아저씨와 요리연구가 백종원의 위로 코드에 청년들이 보이는 열렬한 반응은 예측 가능한 결과였다. 가족과 친척들이 "아직도

취업 안 했니?", "그러다가 결혼은 할 수 있겠니?"라는 걱정 대신 "다 잘될 거야"라는 응원을 해줬으면 좋겠다는 설문조사 결과도 이와 같은 맥락에 있다.

가질 수 있는 것을 찾아 떠나다

위로가 필요한 청년들 사이에 눈에 띄는 현상이 나타나고 있다. 지금과는 다른 새로운 라이프스타일을 지향하는 이들이 늘어나고 있는 것이다. 새로운 라이프스타일은 '위안'과 '힐링'에 초점을 맞추고 있다. 대표적인 것이 '킨포크 라이프(Kinfolk Life)'다. 킨포크 라이프는 가족과 시간을 보내며 자연 속에서 여유롭고 소박한 삶을 사는 방식을 말한다. 척박한 일상에서 벗어나 스스로를 위로하고자 하는 청년들이 킨포크 라이프를 택하고 있다.

킨포크의 사전적 의미는 친척, 친족 등 가까운 사람이다. 2011년 미국 포틀랜드에서 네이선 윌리엄스와 케이티 설 윌리엄스 부부가 동네 이웃 및 친구들과 자신들의 일상을 담은 잡지《킨포크》를 발간하면서 주목을 받기 시작했다. 한 해 네 차례 발행되는 잡지는 정원을 가꾸고, 소박한 음식을 만들어 이웃들과 나누는 일상을 보여준다. 이러한 일상은 참살이에 대한 관심이 높아진 시기와 맞아떨어지며 전 세계 사람들의 이목을 끌었다. 2013년 잡지의 발행 부수는 7만 부 이상을 기록했다. 포틀랜드식 여유로운 삶의 방식은 각국으로 퍼져갔고, 한국도 예외는 아니었다. 한국에도 번역본이 출간돼 이름을 알리기 시작했다.

본격적으로 킨포크 신드롬에 불을 지핀 주인공은 가수 이효리다. 톱스타 이효리는 결혼 후 제주도로 이주해 킨포크 라이프를 영위하고 있다. 그녀는 자신이 사는 동네에서 따온 이름인 '소길댁' 블로그를 통해 편안한 옷차림으로 집 앞 텃밭을 가꾸는 모습, 친환경 식재료로 차린 밥상 사진 등을 공개했다. 지인들을 초대한 이야기나 자수를 하는 소소한 일상도 기록했다. 이 블로그는 개설 70일 만에 방문자 수 1,000만 명을 돌파했다. 그녀와 함께 사춘기 시절을 보낸 청년들은 화려한 섹시 가수가 소길댁으로 변신하는 과정을 지켜봤다. 톱스타가 올린 사진이 궁금해서 블로그를 찾던 이들은 그녀의 라이프 스타일로 관심을 옮겨갔다. 느리고 소박한 삶을 들여다보면서 많은 이들이 킨포크 라이프를 꿈꿨다.

이 킨포크 신드롬은 tvN 〈삼시세끼〉가 이어받았다. 삼시세끼는 이름 그대로 자급자족 방식을 통해 하루 세끼를 해 먹는 프로그램이다. 조용한 시골 마을에서 두 남성이 직접 식재료를 키우거나 구해서 세 끼를 차린다. 또 지인을 불러 음식을 나누고, 동물들과 어울려 지낸다. 줄거리만 보면 무미건조한 내용의 이 방송은 높은 시청률을 기록했다.

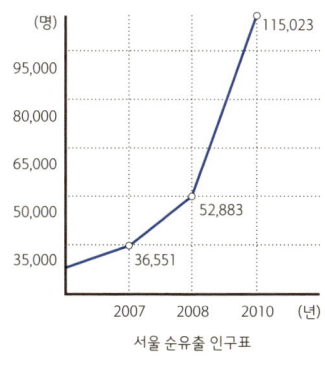
서울 순유출 인구표

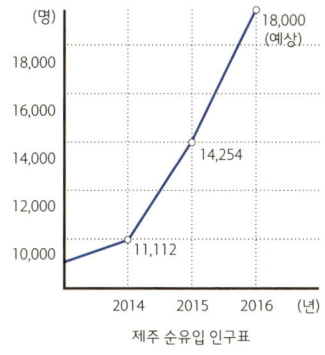
제주 순유입 인구표

표⑤ 서울 순유출 인구 및 제주 전입 인구율 〈자료출처: 통계청〉

이와 같은 킨포크 라이프에 대한 관심은 '제주도 이주'로 이어졌다. 여유 있는 삶을 찾기 위해 제2의 인생을 제주에서 설계하는 이들이 늘고 있는 것이다. 최근 제주 지역의 인구 증가폭은 역대 최대치를 갈아치웠다. 2015년 말 기준으로 제주 인구는 총 64만 1,355명으로 전년 대비 1만 9,805명(3.1%) 늘어났다[표❺]. 제주 인구가 늘어나기 시작한 것은 2010년 이후부터다. 이전까지는 전출인구가 전입인구보다 훨씬 많았다. 대학 진학이나 취업 등의 문제로 제주를 떠나 수도권으로 가는 청년들이 많았기 때문이다. 그러나 취업은 힘들어지고 킨포크 라이프를 꿈꾸는 이들이 늘어나면서 전입인구가 급증했다. 제주로 이주하는 사람들이 많아지며 제주도 땅값은 전국 시·도 중 두 번째로 높은 상승률을 보이기도 했다. 국토교통부에 따르면 2015년 3분기 제주는 전년 동기 대비 2.82% 올라 대구의 뒤를 이었다.

고등학교 친구 수진이가 결혼할 남자와 대판 싸웠다며 나를 찾아온 적이 있다. 다툼의 원인은 제주였다. 남자는 결혼 후 제주로 이주하자고 제안했고, 수진이는 가족과 친구들이 모두 서울에 있기 때문에 그럴 수 없다고 선을 그었다. 둘이 연애하는 동안 종종 조용한 곳에서 텃밭을 가꾸며 살고 싶다고 이야기하기는 했지만 이렇게 일이 크게 진행될 줄은 몰랐다는 것이었다. 남자는 전형적인 이케아 세대. 서울 중위권 대학, 어학연수 경험 등 높은 스펙을 갖고 있지만 현재 대기업 계열사에서 비정규직으로 근무하고 있다. 직장에 미련이 없어 언제든지 그만둘 준비가 돼 있다. 친구는 경기도에 있는 한 대학의 시간제 강사로 주 2~3회 정도 수업이 있다. 두 사람 모두 제주로 이주할 수 있는 여건은 됐다.

결혼 준비만 해도 버거울 시기에 한참을 고민하고 다투던 두 사람은 결국 제주를 택했다. 2015년 10월 결혼한 후 서울에서 지내며 제주 이주를 준비하고 있다. 최근 친구에게서 들은 부부의 근황은 한마디로 '웃펐다'. "제주에는 사업거리가 많을 거라고 생각했는데 이제는 뭐 없는 게 없더라. 요즘 남편은 직장 그만두고 거기서 할 만한 사업이 뭐가 있는지 알아보고 있어. 나는 쉴 때마다 백화점 문화센터에서 텃밭 가꾸기랑 건강한 집밥 만들기 수업을 듣고 있지. 그런데 제주 집값은 왜 이렇게 비싸니? 대출도 알아봐야 할 판이야. 여유롭고 소박하게 살고 싶어서 옮기는 건데 이건 뭐 그냥 서울에 있는 것보다 더 힘들다." 소박한 삶을 위해 백화점 문화센터에 다니는 친구나 대출을 계획하는 남자. 킨포크 라이프도 아무나 하는 게 아니구나 싶었다. 이상과 현실의 간극은 참 크다.

어떻게 쓰고
어떻게 쌓는가

당신은 주로 무엇을, 왜 삽니까?

　눈 뜨고 코 베이는 '호갱(호구의 의미와 고객을 합쳐 부르는 말)'이 되기 쉬운 세상이다. 우리는 언제 어디서 호갱이 될지 모르는 위험에 처해 있다. "고객님, 고객님, 우리 고객님." 하고 말하는 판매자들은 호시탐탐 우리의 지갑이 열리기만을 노리고 있다. 구매 방식을 쉽게 만든다든지, 온라인 구매율이 높아진 요즘 구매자들이 웹상의 상품 이미지(영상)들을 보고 보다 더 혹하게 만들기 위해 머리를 쥐어짜고 있다. 100만 원대는 우습게 넘나드는 핸드폰을 비롯해, TV홈쇼핑, 대형 소셜커머스 등을 통해 실제 사용 여부, 혹은 필요 여부를 떠나 가격에 상관없이 지갑을 열고 물건을 사는 사람들이 생기기 시작했고, 누군가 자조적인 표현으로 '호갱이 됐다'라는 표현을 썼고 너나 할 것 없이 모두가 씁쓸하게 공감하는 말이 됐다.

"알고서도 당한다"는 말처럼 우리는 언제든 '호갱이 될 준비'가 되어 있는 것 같다. 동시에 더 이상 호락호락하게 호갱이 되지 않겠노라며 소비자로서 점차 진화하고 있기도 하다. 그렇다면 호갱 시대에 종말을 고하기 위해, 소비의 기본기를 어떻게 다져야 할까. 관건은 '자기 자신을 알라'이다.

최근 신용카드 업계의 가장 큰 고민은 20~30대 여성들의 카드 변덕이다. 단골 가게가 바뀔 때마다 관련 혜택을 찾아 카드를 갈아타는 젊은 여성들이 늘어났기 때문이다. 카드사 입장에서는 골칫거리겠지만 소비자로서는 당연히 누릴 수 있는 권리이기도 하다. 사회초년생 이혜진 씨(29)도 그와 같은 방식을 활용하는 신용카드 지배자로, 친구들 사이에서 유명한 재테크 전도사다. 사실 혜진 씨는 대학시절 내내 '할부인생'을 살았다. 예쁜 옷이 눈에 들어오면 "6개월 할부요!"부터 외쳤다. 한번 시작한 신용카드 할부의 덫은 생각보다 끊기 힘들었다. 신용카드에 끌려다니기 시작한 지 5년째가 됐을 때, 겹겹이 쌓인 할부 금액의 총 청구금액에 그녀는 깜짝 놀랐다.

더 이상 카드사에 빚지며 구매하지 않기로 다짐한 혜진 씨가 가장 먼저 한 일은 '소비지도 그려보기'였다. 그녀의 직장은 여의도, 집은 월곡이었다. 직장과 집의 거리가 먼 편이지만, 하루 소비지도는 생각보다 단순했다. 일주일에 5~6일을 직장에서 생활하기 때문에 생활반경은 1킬로미터를 넘어가지 않았다. 하루에 들르는 곳도 거기서 거기였다. 신용카드 내역서를 보며 소비지도를 그린 뒤에는 신용카드사 홈페이지에 들어가 그 동선에 맞는 신용카드를 찾았다. 단골 음식점이나 백화점에서 할인 혜택을 받을 수 있는 신용카드를 쏙쏙 골랐다.

소비지도에 알맞은 카드를 구비한 후에 혜택을 온전히 누리기 위해서는 분할 소비가 필수다. 대부분의 카드가 전월에 일정 금액 이상을 써야 할인 혜택을 제공해주는 것이 일반적이다. 보통은 30만 원 이상을 써야 할인 혜택을 받을 수 있기 때문에 혜진 씨가 한 카드로 사용하는 금액은 웬만하면 30만~31만 원을 넘어가지 않는다. 그녀가 덧붙인 조언 하나는 생활 패턴에 따라 다르겠지만 소비지도는 약 세 달에 한 번 꼴로 다시 만드는 것이 좋다는 것이다. 혹은 소비 패턴이 바뀌었다 싶으면 그에 맞는 카드를 찾아야 한다고 말한다. 혜진 씨가 현재 사용 중인 카드는 포인트 적립카드를 포함해 체크카드 4개, 신용카드 2개다. 가끔 할인 혜택이 헷갈리는 경우에 대비하기 위해 각각의 카드 뒷면이나 핸드폰 메모장에 자주 가는 곳에서 사용 가능한 혜택을 적어놓았다.

이러한 신용카드 사용법은 다소 번거롭고 거추장스럽게 느껴지겠지만 꼭 한번 시도해보는 것이 좋다. 단순히 '몇 푼 아끼라'고 권하는 재테크법이 아니라 자신의 소비 패턴, 즉 소비 습관을 알아야 몇 달 후 통장 속 잔액이 눈에 띄게 달라지기 때문이다. 이 말은 스스로 만든 '여윳돈'이 생긴다는 뜻이다. 자신이 무엇을 사고 그것을 왜 사는지 한두 번 생각하기 시작하면 지갑을 열고 닫는 것이 신중해지고 이후로 "내가 미쳤다고 그걸 왜 샀을까!" 하며 울부짖는 호갱이 되는 일은 없을 것이다.

은행은 치과가 아니다 문지방이 닳도록 가라

저축은 태어나서 처음으로 접하는 최초의 재테크이자 생을 마감하기 직전까지 안고 있을 최후의 재테크다. 유치원에 다니기 시작할 즈음 우리는 "엄마에게 받은 용돈을 아껴서 저금통에 넣는 습관을 길러요"라는 말을 듣게 된다. 그리고 나이가 들어 세상을 떠나기 전, 자식에게 물려주는 것 역시 평생 모은 통장이다. 그래서 누구나 통장 하나쯤은 가지고 있다. 그래서 누구나 통장 하나쯤은 가지고 있다. 자, 그럼 한번 생각해보자. 최근 은행에 간 건 언제였는지, 그리고 왜 갔었는지. 아마도 'ATM기 인출하러', 혹은 '대출 상담 때문에'라는 답이 가장 높은 비율을 차지하지 않을까 하는 생각이 든다. 대부분이 빠르게 볼일을 보고 나오려는 곳이 은행이다. 그런데 취재를 위해 만났던 직장인 김호진 씨(27)는 집을 기준으로 반경 2킬로미터 안에 있는 은행을 모두 꿰고 있으며, 생각났다 하면 가서 직원과 오랜 시간 얘기를 나눈다는 말로 얘기를 시작했다. 취업 합격 문자를 받은 이후, 집 근처에 있는 은행을 한 곳 한 곳 다니기 시작하다 어느새 습관처럼 된 것이다. 호진 씨 역시 은행을 다니는 것이 처음부터 편했던 것은 아니다. 은행 직원일지라도 자신의 경제적 상황을 적나라하게 말하면서 상담을 받는다는 것이 어색하고 불편해 무작정 인터넷에서 이것저것 검색해보기도 하고, 일단 가서 상담을 받아볼까 했을 때 신분증을 챙겨 오지 않았거나 직원이 설명하는 내용을 이해 못해 다음에 오겠다며 발길을 되돌린 적도 있었다.

'또 실수하면 어쩌지, 모르는 단어가 나오면 어쩌지…….'

그의 긴장된 마음이 풀린 건 세 번째 방문했을 때였다. 부딪히는 수밖에 없다고 생각한 그는 솔직히 얘기를 꺼냈고, 잘 들어주던 은행 직원이 신입사원인 호진 씨의 상황에 맞는 여러 가지 상품을 보여주며 천천히 설명해주었다. 신중히 고민한 끝에 첫 상품에 가입하자 호진 씨는 은행에 가는 게 조금씩 즐거워지기 시작했다. 주변 은행들을 자주 찾으면서 한 은행 직원과는 특별히 친해지기도 했다. 은행 직원도 사람인지라 많이 보고 친숙한 단골 고객에게 '은행이 팔아야 되는 상품'이 아닌, '진짜 좋은 상품'을 귀띔해줬다.

생각보다 많은 사회초년생들이 은행의 벽을 높게 생각한다. 해본 적 없는 금융, 펀드와 같은 재테크에 대해 막연하게 어렵게 느끼기 때문이다. 저축만 했을 때와 달리 돈을 벌기 시작하는 때가 되면(물론 그보다 더 일찍일수록 좋다) 은행에 대한 개념을 바꿀 필요가 있다. 은행은 일반 적금, CMA, 펀드, 주식 연계 상품 등을 파는 '재테크 백화점'이다. 이제 재테크 3년 차에 접어든 호진 씨는 "구경하듯 설명만 듣고 와도 좋으니 백화점에 쇼핑하러 가듯 은행에 가보라"고 강조했다.

이제 돈을 모으기 시작한 사회초년생에게 중요한 것은 원금 손실을 보지 않고 안전하게 돈을 모으는 것이다. 주식·부동산 투자와 같은 재테크는 저축을 통해 어느 정도 돈을 불린 후에야 도전해볼 수 있다. 은행과 친해졌다면 다음은 맞춤형 통장을 설계하는 일이다. 구두를 쇼핑한다고 생각해보자. 일단 내가 마음에 드는 구두 가게(은행)에 가서 마음에 드는 소재(통장)를 택하고, 굽 높이(금리)를 따져보게 된다. 구두 가게마다 특성이 다르고, 구두 소재가 각양각색인 것처럼 은행과 통장도 다 같은 것이 아니다. 구두를 고를 때만큼 신중하게 통장을 쇼핑해야 한다.

은행을 선택할 때 가장 먼저 드는 고민은 '일반 시중 은행과 비 은행 예금 취급 기관 중 어떤 은행을 쇼핑 카트에 담을까'일 것이다. 일반적으로 은행이라고 하면 국민은행, 신한은행 등과 같이 쉽게 볼 수 있는 시중 은행을 말한다. 그런데 길을 걷다 보면 은행은 아니지만 은행의 옷을 입고 있는 비 은행 예금 취급 기관도 종종 찾아볼 수 있다. 주로 상호저축은행, 신용협동조합, 새마을금고, 우체국예금보험 등이 여기에 속한다. 시중 은행은 지점이 많은 만큼 스스로 통장을 관리하고 은행 서비스를 이용하기 쉽다. 반면 상호 금융 기관은 지점이 많지 않고 인지도가 낮은 편이기 때문에 금리가 시중 은행보다 높다는 장점이 있다. 회사와 가까운 시중 은행 한 곳과 금리가 높은 비 은행을 한 곳씩 카트에 담는 것도 추천할 만한 방법이다.

통장을 고르는 것도 마찬가지다. 은행에서 가장 쉽게 접할 수 있는 상품이 예금과 적금이지만 두 상품의 차이도 모르는 경우도 적지 않다. 간단히 설명하자면 보통 예금은 기간을 정해두고 일정한 금액을 은행에 맡기면 그에 대한 이자 수익이 생기는 상품이다. 적금은 주기를 두고 일정한 금액을 꼬박꼬박 넣는 상품을 말한다. 또 적금에는 돈이 있으면 더 넣고, 없으면 덜 넣는 '자유적립식 적금'과 일정한 금액을 주기적으로 저축하는 '정액식 적금'이 있다. 급여 규모가 일정하지 않으면 자유적금이 좋지만 호진 씨와 같은 경우, 급여가 일정하고 꼼꼼히 저축할 자신이 없었기 때문에 적립식 적금을 선택하는 것이 유리했다.

'맞춤형 통장 만들기'의 마지막 단계는 이름 붙이기다. 호진 씨의 다섯 개 통장에는 각각 이름표가 붙어 있다. 일반 적금 두 개는 '결혼자금용', CMA는 '차량 구매용', 소장 펀드는 '주거 마련용'이다. 결혼 비용만큼은 부모님께 손 벌리지 않겠다고 다짐한 이후 가장 많은 금액을 결혼자금용 통장에 넣고 있다. CMA로는 출퇴근길이 너무 멀어 대리직을 달면 스스로에게 선물할 자동차 구매 비용을 마련하는 중이다. 즉, 각각의 목표를 설정해놓고 단기 투자와 미래를 위한 장기 투자를 함께 진행하는 것으로, 이른바 '투 트랙(two track) 전략'이다. 통장마다 목표를 설정하면 돈을 모으는 동기부여가 확실히 되기 때문이 도움이 된다.

'저축의 신'이라는 풍차 돌리기 적금 활용법

경제 서적마다 추천하는 신통방통한 재테크 방법이 있다. 일명 '풍차 돌리기' 적금이 바로 그것이다. '이제 돈 좀 모아야지'라는 마음으로 재테크 방법을 검색해본 사람이라면 눈에 익은 단어일 것이다. 포털사이트에서 '풍차'까지만 쳐도 네덜란드보다 먼저 나오는 연관검색어가 풍차 돌리기 적금이다. 이렇게 이슈가 되고 있는 풍차 돌리기 적금은 쉽게 목돈을 불릴 수 있는 '저축의 신' 같은 존재다. 이 적금을 활용하는 방법은 간단하다.

매달 120만 원 정도를 넣을 수 있다고 생각되면 일단 1년 만기에 10만 원짜리 적금을 든다. 이 통장을 'A'라고 하자. 그리고 다음 달에 통장 A에 돈을 납입하면서 또 10만 원짜리 적금을 한 번 더 든다. 이것을 'B'라고 하자. 이런 식으로 매달 1년 만기 적금을 들면 1년 뒤 한 달 적금 금액이 10만 원인 통장 12개가 생기게 된다. 이사이에 통장 A에는 120만 원이 모이면서 만기가 돌아오게 된다. 그다음 달 역시 120만 원이 모인 통장 B의 만기가 완료된다. 이렇게 통장의 원리금을 받으면서 1년 만기 정기예금이나 10만 원짜리 정기적금에 다시 가입하면 된다. 풍차 돌리기 적금이 유명해진 이유는 1년만 지나면 매달 120만 원이 뚝뚝 떨어지는 쾌감을 느낄 수 있기 때문이다. 또 매달 금액을 천천히 높여가면서 저축하는 재미를 느낄 수 있다.

이렇게 만족도 높은 재테크 트렌드에 동참하고자 은행으로 가 통장을 새로 개설했다. 새로운 재테크를 시작하며 설레는 마음에 창구 맞은편에 앉은 은행 직원을 향해 "다음 달에도 통장 한 개 더 만들려고 해요"라고 말했다. 성실한 고객이라 여기며 내심 VIP로 우대 좀 해주려나 싶던 찰나, 직원의 표정이 어두워졌다. 혹시 풍차 돌리기 적금을 하려는 거냐는 직원의 질문에 당당하게 그렇다고 대답하자, 직원은 이렇게 말했다. "아, 그게 옛날에는 많이들 하셨는데요. 지금은 대포통장 등의 문제가 발생할 수 있어서 통장 개설이 그렇게 연달아서 쉽게 되지가 않습니다. 일반적으로 계좌를 새롭게 하나 개설하신 후 한두 달 뒤에야 추가 개설을 하실 수 있어요."

부푼 기대와는 달리 시작하자마자 계획이 틀어져버렸고, 결국 첫 통장을 개설하고 두 달 뒤에야 두 번째 통장을 개설할 수 있었다. 그렇게 여섯 개의 통장까지 만든 순간, 풍차 돌리기 적금은 '새로운 희망과 내일'이 아닌 막을 수 없는 거대한 바람이 되어 돌아왔다. 처음 한 개의 통장에 10만 원을 넣었을 때는 좋았다. 그런데 여섯 개의 통장에 총 60만 원을 넣게 되니 한 달 예산에 타격이 왔다. 12개월째에는 120만 원을 넣어야 한다는 사실이 공포로 다가왔다. 현실적으로 한 달에 2만 원 정도로만 설계를 하는 것이 맞았겠지만, 금액이 적으면 사실상 '풍차 돌리기'를 하는 의미가 절반 이상으로 퇴색될 것이 뻔했다. 또 매달 저축을 하는 통장 여섯 개를 관리한다는 것은 생각보다 어려운 일이었다. 결국 원대한 포부를 가지고 시작했던 풍차 돌리기는 노트북 분실과 함께 여섯 개의 통장을 해지하게 되면서 끝이 났다.

너나 할 것 없이 추천하는 풍차 돌리기 적금을 할까 말까 망설인다면, 세 가지 독한 각오가 우선 되어야 한다. 먼저 통장 분류를 철저하고 꼼꼼하게 할 각오, 두 번째로 매달 적은 돈을 저금하는 것 같지만 열두 개의 통장에 모두 돈을 넣어도 내 지갑이 휘청거리지 않을 각오, 마지막으로 한 번에 통장을 여러 개 만들 수 없으니 열두 개의 통장을 만들기까지는 최소 1년 이상이 걸릴 각오까지. 풍차 돌리기에 가려진 세 개의 속살을 모두 알고 진행해야 풍차에 얻어맞아 눈물 흘릴 일이 없다.

모바일 세대를 위한 新 재테크

전체 투자자의 70%가 20~30대인 'P2P 대출투자'는 모바일 세대에게 주목받는 신상 재테크다. 주식, 펀드, 적금 등과 같은 고전적인 투자법이 수십 년간 변치 않는 재테크 방법으로 꼽혀왔다면, P2P 대출투자는 몇십 년 만에 등장한 새로운 재테크 개념이다. 'P2P'는 크라우딩 펀딩의 일종으로, 소액으로 개인이 직접 투자할 수 있는 금융시스템이다. 소액을 모아 돈이 필요한 기업이나 개인에게 돈을 빌려준 후, 매달 발생하는 이자를 투자자들에게 전달하는 방식이다. 주로 성장성이 좋은 스타트업 기업이 많이 참여해, 수익률이 좋다. 최근 P2P 투자의 평균 수익률은 대략 10% 정도 수준인 데다가, 소액으로 투자할 수 있어 'N포 세대를 위한 재테크'로 불리기도 한다.

대학원생인 최건호 씨(29)는 행정 조교 업무와 아르바이트를 병행하며 매달 200만 원 가량의 돈을 번다. 그렇게 1년간 번 돈을 아끼고 아껴 차곡차곡 쌓아 400만 원을 모았다. 기사를 통해 P2P 투자에 관심이 있었던 건호 씨는 400만 원 중 100만 원을 P2P 투자에 도전해보기로 했다. P2P 대출업체인 '8퍼센트'를 통해 카셰어링 업체 '쏘카(Socar)'에 첫 투자를 했다. 동종업계 분야에서 쏘카의 독보적인 위치를 신뢰했고 성장가능성을 높게 쳤기 때문이었다. 그리고 얼마 뒤 통장에 100만 원에 대한 이자 6만 원이 꽂혔다. 실제 이자가 들어오는 것을 확인하고, 그는 또 다른 P2P 대출업체 '렌딧'에서 18개월 만기 포트폴리오 상품에 200만 원을 더 투자했다. 투자를 통해 은행 금리보다 높은 이자를 얻을 수 있는 메리트뿐만 아니라, 자신이 투자한 회사가 성장하는 모습을 지켜보는 재미도 있었다. 건호 씨는 본격적으로 정기 수익을 얻게 되면 전체 월급의 20%를 P2P 투자에 쏟을 생각이다.

이렇듯 스타트업에 관심이 많은 청년들이 많다 보니 스타트업에 소액으로 투자할 수 있다는 것만으로도 해볼 만한 신선한 경험이 된다. 건호 씨처럼 P2P 대출투자에 호감을 보이는 2535세대가 많아지고 있다. P2P 대출투자 기업 '빌리'의 경우, 투자자 3,519명 중 30대가 48.8%로 가장 많고, 20대도 23.4%에 달한다고 한다. 전체 투자자 10명 중 7명은 20~30대인 셈이다.

P2P는 앞으로 계속해서 커질 투자 및 대출시장이다. 그러나 100% 완벽한 재테크는 없듯 P2P 투자 역시 마찬가지다. 우선 우리나라에는 아직 P2P 대출과 관련한 명확한 법이 없다. 투자자 보호가 되지 못할 가능성이 농후하다는 뜻이다. 만약 대출자가 부도가 날 경우, 투자금을 잃을 수 있다. 또 수익률을 액면 그대로 받아들이면 곤란하다. P2P 대출투자는 이자소득세 15.4%보다 훨씬 더 높은 '25%'에 달하는 세금을 내야하기 때문이다. 각 홈페이지에 공개된 이자가 '세후 이자'인지를 따져볼 필요가 있다.

2장.
일할 수도 놀 수도 없는 노답 경제

대한민국 청년들은 사상 최악의
'취업난'을 마주하고 있다.
최소 6개월에서 길게는 2년 가까이
취업준비생으로 살아가는 청년들.
그사이 청년들의 통장은
'깨진 독'처럼 텅 비워진다.
일할 수도, 놀 수도 없다.
헬조선을 사는 청년들에게 정녕 탈출구는 없는 것일까?

청년들에게
일 시켜주지 않는 사회

알바천국에서 살아가는 청년들

어둑한 저녁시간 지하철역 인근, 퇴근길을 재촉하는 사람들이 분주히 오간다. 가방을 메고 헐레벌떡 계단을 뛰어오르던 청년이 입구를 향하던 중년 남성과 부딪친다. "아, 죄송합니다." 한마디를 던진 청년이 중년 남성을 빠르게 스쳐 간다. 눈으로 청년의 뒤를 좇던 남성은 꿍한 표정으로 "버릇없는 녀석 같으니"라고 읊조린다. 도로 위 붐비는 버스 안, 머리가 희끗희끗한 노인이 버스 손잡이를 잡고 서 있다. 노인의 앞에 있는 좌석에는 후드티를 입은 젊은 여성이 꾸벅꾸벅 졸고 있다. 옆자리 할머니는 "참 배려 없는 아가씨네"라며 기막히다는 듯한 눈빛으로 여성을 바라본다. 상점이 밀집해 있는 거리, 회사원으로 보이는 중년 남성이 어느 한 곳을 보며 한심한 듯 혀를 찬다. 그 남성의 시선 끝에는 문

달은 상점 앞에서 구토 중인 청년이 있다. 중년 남성은 생각한다. '요즘 것들은 개념이 없어.'

'버릇없다, 배려 없다, 개념 없다.'

요즘 젊은 세대들을 바라보며 기성세대들이 종종 하는 말이다. 그런데 사실 지하철역 입구를 헐레벌떡 뛰어오르던 청년은 야간 아르바이트와 학업을 병행하느라 여유가 없는 청춘이었다. 버스에서 졸던 여성은 배려가 없는 게 아니라 버틸 힘이 없었다. 구토 중인 청년은 취업에 실패한 후, 개념이 아니라 희망을 잃은 상태였다. 청년들의 모습을 배경으로 나지막이 한 남성의 목소리가 들린다. "다시 바라봅시다. 세상을 견디고 싶지만 그 끝이 보이질 않고, 세상과 부딪치고 싶지만 기회가 주어지질 않고, 당당하고 싶지만 움츠릴 수밖에 없는 그들을 다시 바라봅시다. 오해에서 이해로……. 그리고 응원합시다. 청춘이 다시 기쁜 시절이 될 수 있도록 말입니다." 온라인쇼핑몰 11번가는 이 같은 내용이 담긴 2분짜리 영상을 유튜브, SNS를 통해 공개했다. 이 영상은 공개 보름 만에 조회수 261만 건을 기록하는 등 화제가 됐다.

그리고 여기 또 하나 눈길을 끈 영상이 있다. 오토바이를 탄 남녀가 도로를 달리고 있다. 배경으로 구슬픈 음악이 흐른다. 하얀 원피스를 입은 여성은 남성의 허리를 꽉 잡고 있다. "오빠 어디 가?" 여성의 물음에 오토바이의 속도는 더욱 높아진다. 여성의 원피스가 나부낀다. 도로를 질주하던 남성이 드디어 물음에 답한다. "배달 가." 잠시 정적이 흐르고 남녀는 호탕하게 웃는다. 영상은 '내가 뭐 어때서. 알바청춘, 알바천국'이란 내레이션으로 마무리된다.

이제 청춘은 광고 속에서도 아프다. 2010년 김난도 교수는 《아프니

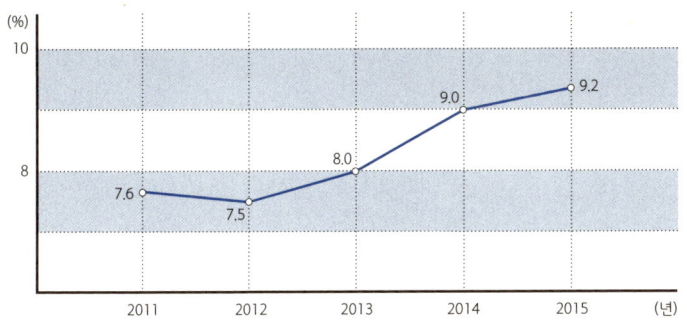

표❻ 최근 5년 15~29세 청년실업률 〈자료출처: 통계청〉

까 청춘이다》란 자기계발서를 출간했다. 이 책은 베스트셀러에 올랐고, 이후 방송 프로그램과 언론 기사, SNS를 통해 소개됐다. '청춘은 아프다'라는 공식이 자연스럽게 뿌리내리더니 이제는 기업의 광고에조차 이 공식이 적용됐다.

한국사회가 내린 '청춘이 아프다'는 진단은 각종 경제지표에 근거를 두고 있다. 대표적인 진단서가 통계청의 고용동향이다. 통계청이 발표한 〈2015년 12월 및 연간 고용동향〉에 따르면 2015년 청년(15~29세) 실업률은 더욱 심각해졌다[표❻]. 청년실업률은 9.2%로 이는 1999년 통계 기준이 바뀐 이래 최대치를 찍었다. 2015년 청년 구직자 10명 중 1명은 취업에 실패해 무직자로 지냈다는 의미다. 더 중요한 문제는 청년실업률이 계속 악화되고 있다는 것이다. 2011년 7.6%였던 청년실업률은 2013년 8%대로 올라섰다. 그리고 2016년 1월 9.5%를 기록하며 외환위기 이후 사상 최악의 수준에 치달았다.

갑을의 시대 속 선택지는 없다

가치라는 것은 보통 적을수록 높아진다. 우리는 이를 '희소성의 원칙'이라 부른다. 그런데 희소성의 원칙이 통하지 않는 곳이 있다. 요즘 취업시장이 그렇다. 새로운 인력을 필요로 하는 일자리의 수는 줄어들었는데 질도 나빠졌다. 현대경제연구원에서 2015년에 발표한 보고서〈중간일자리 변화의 특징과 시사점〉에 따르면 최근 10년 동안 중간일자리 비중은 40.8%(2004년)에서 39.6%(2014년)로 하락했다. 중간일자리란 중위임금(전체 근로자의 임금소득을 금액 순으로 나열했을 때 중간에 있는 소득)의 67~133%에 해당하는 일자리를 말한다[표❼]. 흔히 취업준비생 혹은 이직을 고민하는 이들이 이야기하는 '괜찮은 일자리'가 10개 중 4개도 안 된다는 의미다.

여기에 청년 취업자 5명 중 1명은 1년 이하의 계약직으로 직장생활을 시작하는 것으로 나타났다. 통계청의 2015년〈경제활동인구조사 청년층 부가조사〉를 보면 학교를 졸업하거나 중퇴하고 처음 가진 일자리

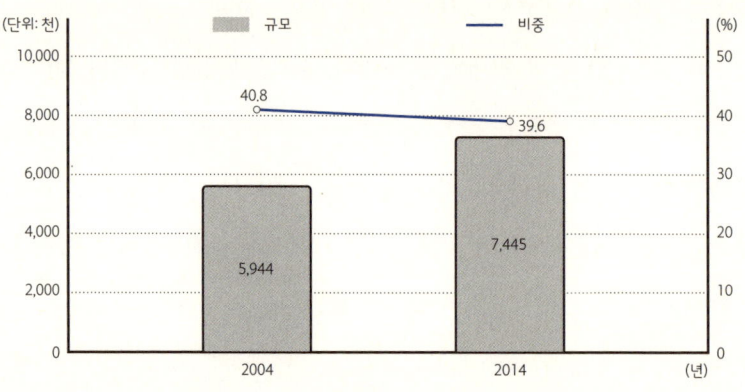

표❼ 중간일자리 규모 및 비중 변화 〈자료출처: 통계청·현대경제연구원〉

가 1년 이하 계약직인 청년은 81만 2,000명으로 집계됐다. 전체 청년 취업자 수의 20.3%에 해당한다. 2008년 글로벌 금융위기 이후 정규직 일자리가 기간제 계약직으로 대체되는 현상이 두드러진 데 따른 결과다. 2008년에는 11.2%였던 1년 이하 계약직 비중은 2009년 12.4%, 2010년 16.3%, 2011년 20.2%로 지속적으로 늘어났다. 2011년부터는 20%대를 유지하고 있다.

기업들의 투자 없는 고용은 일자리의 질을 악화시켰다. 경영환경이 어려워진 기업의 입장에서 정규직을 계약직으로 대신하는 것은 비용 절감을 위한 선택일 수 있다. 그러나 사회에 나온 청년들에게 비정규직을 내민 기업은 야속할 수밖에 없다. 구직난에 시달리는 이들에게는 질 낮은 일자리도 울며 겨자 먹기 식으로 잡아야 할 기회이기 때문이다. 특히 청년들이 선호하는 대기업이 비정규직 양산을 부추기고 있는 것으로 볼 때 선택의 폭은 더욱 좁아졌다. 고용노동부의 발표를 참고하면, 2015년 3월 31일 기준으로 상시근로자 300명 이상의 기업 근로자 10명 중 4명가량은 비정규직이다. 기업 규모가 클수록 파견, 하도급, 용역 등 간접고용 비율이 높았다.

일부 기업의 경우 이러한 상황을 악용해 기업과 청년 근로자 간의 관계를 '갑과 을'로 만들기도 한다. "이것도 고마운 줄 알아"라는 태도로 질 나쁜 일자리를 제공하고 청년 인력을 사용하는 식이다. 최근 실제로 갑을관계를 악용해 대한민국 미생들을 울린 사건이 언론에 대대적으로 보도된 적이 있었다. 산업부 기자로 활동하던 2015년 2월, 퇴근할 무렵 소셜커머스 위메프가 다음 날 오전 긴급 기자간담회를 연다는 내용의 메일을 보내왔다. 당장 다음 날 오전에 강남까지 오라는 것도 그랬지만 메일을 보낸 시간만 봐도 긴급함이 느껴졌다. 다음 날 오전 간담회가 열린 위메프 강남 사옥은 취재진으로 북적였다. 카메라 플래시 세례를 받으며 등장한 박은상 위메프 대표는 고개를 숙였다.

"구직자들의 간절한 마음과 불안함을 충분히 헤아리지 못한 것에 대해 대표로서 책임을 통감하고, 부끄럽게 생각합니다."

박 대표는 1981년생 젊은 CEO로 청년들의 부러움을 샀다. 그랬던 그가 청년 구직자들에게 허리를 굽힌 이유는 영업직원 채용 과정에서 발생한 문제 때문이었다. 위메프의 지역 영업직 사원을 뽑는 최종전형에 구직자 11명이 올라왔다. 사측은 이들을 대상으로 2주간 현장실습을 받게 했다. 해당 기간 지역 매장을 돌아다니며 계약을 따 오는 업무를 수행했지만 일급 5만 원과 함께 전원 불합격 통보를 받았다. 상사로부터 업무를 잘하면 8명을 정직원으로 채용할 것이란 약속을 받고 일부 계약을 성사시켰지만 기준에 맞지 않는다는 이유로 모두 탈락했다. 이같은 사실이 알려지면서 위메프에 대한 '채용 갑질' 논란이 일어났다. 이후 박 대표는 최종 전형에 올랐던 11명 전원을 합격시켰다. 이메일을 통해 사과문도 배포했지만 '달을 가리켰는데 손을 봤다'는 등의 문구로 논란은 더욱 커졌다. 여론의 뭇매에 결국 박 대표가 직접 나와 고개를 숙인 것이다. 취업이 간절한 구직자가 철저히 '을'이 되는 과정을 바라본 미생들은 눈물을 흘렸다. 그 뒤로도 '월급 30만 원 인턴', '인분교수' 등 미생들을 울리는 채용 갑질 사건은 끊임없이 터졌다.

이럴 거면 '더 격렬하게 아무것도 안 하고 싶다'

질 나쁜 일자리와 기업의 채용 갑질 행태 등 열악한 취업 환경은 '니트(NEET, Not in Education, Employment or Training)'란 새로운 개념을 낳았다. 니트족은 일하지도 않고 일할 의지도 없는 청년을 가리키는 신조어다. 15~34세 취업인구 가운데 미혼이며 학교에 다니지 않고 직업도 없는 이들을 뜻한다. 1999년 영국에서 아무 일도 안 하는 청년들을 위한 대책을 내놓으며 처음 이 용어를 사용했다. 이들 중 일자리를 찾는 니트는 실업자로 분류된다. 하지만 구직 활동도 하지 않는 비구직 니트는 '비경제활동인구'로 구분한다. 자발적으로 구직 활동 자체를 하지 않기 때문에 일할 의지가 있는 실업자나 아르바이트로 필요한 돈을 모으는 프리터족과는 다르다. 비구직 니트는 연령별로 20~24세가 가장 많다.

한국의 경우, 청년 10명 중 1명 이상은 니트족인 것으로 나타났다. 또 니트족의 절반 이상은 구직활동을 하지 않는 비구직 니트였다. 현대경제연구원 김광석 선임연구원은 2015년 이 같은 내용의 〈청년 니트족 특징과 시사점〉 보고서를 발간했다. 2014년 기준으로 청년층(15~29세) 950만 7,000여 명 중 니트족은 163만 3,000명으로 17.2%를 차지했다. 니트족 가운데 구직 활동을 전혀 하지 않는 경우가 56.2%에 달했다. 비구직 니트의 절반은 가사나 육아에도 참여하지 않고 '그냥 시간을 보낸다'는 상태였다. 이들의 42%는 취업을 해본 적이 전혀 없다[표 ❽]. 그런데 취업 경험이 있는 니트족의 경우 상당수가 질 나쁜 일자리에서 이탈한 것으로 조사됐다. 일시 근로, 1년 이하 계약직 등을 겪은 비중이 일반 청년 취업자들에 비해 훨씬 높았다. 실제 취업시장의 쓴 맛을 보고 돌아온 청년들이 아예 구직 의지마저 버린 셈이다.

오랜만에 TV 광고에서 유행어가 나왔다. 광고 속 한 점원이 계산대

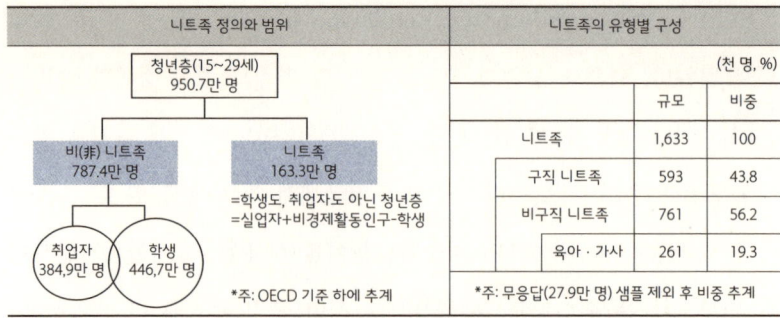

표❽ 청년 니트족 특징 〈자료출처: 현대경제연구원〉

앞에 선 남성에게 질문을 쏟아낸다. "할인되는 카드 있으세요? 마일리지 카드 있으세요? 통신사 카드 있으세요? 멤버십 카드 있으세요? 엄마 카드 있으세요? 아빠 카드 있으세요?" 이때 남성이 점원을 향해 멍한 표정을 지으며 마음속으로 이렇게 읊조린다.

'이미 아무것도 안 하고 있지만 더 격렬하게 아무것도 안 하고 싶다.'

광고가 방영된 후 '아무것도 안 하고 싶다', '더 격렬하게 아무것도 안 하고 싶다'는 문장은 포털사이트, SNS 상에서 흔히 찾아볼 수 있는 유행어가 됐다. 현대사회의 복잡함에 지친 사람들에게 공감을 불러일으킨 것이다. 대부분이 '휴식'의 관점에서 유행어를 사용하고 있지만 취업 관련 사이트에 올라오는 글 속에는 '포기'와 '무기력함'이 담겨 있다.

문제는 당신이 아니다

사원증을 걸고 다니는 대기업 직원들에 대한 꼬인 감정은 나도 취준생일 때 많이 느껴봤다. 사원증뿐만 아니라 위풍당당하게 웃으며 길을 걷는 모습에 주눅도 들었다. 근데 직딩이 되어보니 그들이 길에서 그렇게 웃는 이유를 알 거 같다. 그냥 밖에 나와 기분이 좋은 것이다.

'직장인들이 사원증을 걸고 길거리에서 웃는 이유'라는 제목의 글이다. SNS 등으로 퍼지며 구직자와 직장인에게 '좋아요' 세례를 받았다. 이 글에서처럼 취업난이 심각해지다 보니 사원증을 목에 건 이들은 취업준비생들에게 부러움의 대상이 됐다. 길거리에 돌아다니는 직장인만 봐도 주눅이 들고 얄미울 정도로 말이다. 2015년 대기업의 대졸 신입사원 취업 경쟁률은 32.3대 1, 국가공무원 7급 채용시험의 평균 경쟁률은 81.9대 1에 달한다. 이렇게 치열한 경쟁률을 뚫고 일자리를 구한 이들이 다른 부류의 사람처럼 느껴지는 것도 어찌 보면 당연하다.

기자를 꿈꿨던 우리 역시 마찬가지였다. 대학 졸업 후 1년간 어디서 들어봤다 싶은 언론사 공채에는 모두 뛰어들었다. 어떤 곳은 1차 서류전형에서, 어떤 곳은 2차 논·작문 시험에서, 어떤 곳은 마지막 관문이었던 면접에서 고꾸라졌다. 답답하고 초조했다. 마지막 관문까지 가는 것을 보면 가능성은 있는 것 같은데 어떤 곳은 글을 써볼 기회조차 주지 않았다. 지푸라기라도 잡는 심정으로 언론사 입사에 관한 강의는 모조리 찾아서 들었다. '내가 뭘 잘못하고 있는 건지, 부족한 부분이 무엇인지' 힌트라도 얻을 수 있을까 선배들의 이야기를 고스란히 수첩에 옮겨 적었다. 강단에 서 있는 기자 선배에게선 후광이 비쳤고, 선배들을 보고 온 날은 부러움과 자괴감으로 잠자리를 뒤척였다. 언론사 입사만 하면 인생의 모든 걱정이 해결될 것 같았다.

그렇게 원서를 넣고 떨어지기를 반복하다 한 언론사에서 합격 통보를 받았다. 시작은 인턴이었다. 행동 하나, 업무 하나 잘못하면 다시 취준생으로 돌아간다는 생각에 참 열심히 했다. 기사 한 꼭지를 써보라고 하면 두 꼭지를 썼고, 주말에도 나서서 취재를 했다. "인턴은 시키는 일만 열심히 하면 돼"라는 주위의 조언에도 불안했다. 다행히 인턴이 끝날 즈음 '오버 쩐다'는 말 대신 '열심히 한다'는 평가를 받았다. 다음 단계는 6개월간의 수습생활이었다. 원래 수습의 수는 '닦을 수(修)' 자가 아니라 '짐승 수(獸)' 자를 쓴다는 어느 한 부장의 말처럼 이 6개월은 인턴 시절보다 더 가혹했다. 내 생애 이렇게 많이 혼난 때가 있었나 싶다. "글 쓰는 게 천박하다"부터 "너 같은 건 절대 기자가 못 된다"까지 가슴에 콕콕 박히는 말을 들으며 매일같이 눈물을 쏟았다. 가끔 담뱃갑이나 볼펜이 눈앞까지 날아오기도 했다. 그렇게 인고의 시간이 지나고 정규직 기자가 됐다. 회사에 들어온 지 1년 만이었다.

이후 후배들이 이력서와 자기소개서를 들고 찾아오기 시작했다. 취준생 시절의 우리가 했던 고민 그대로 본인이 취업하지 못하는 이유에 대해 알려달라는 것이었다. 아마 후배들 역시 취업에 성공한 선배들에겐 뭔가 특별한 게 있을 거라고 생각했던 모양이다. 지금에서야 이야기하지만 당시 후배들에게는 멋진 선배로 보이고 싶은 마음이 컸다. 그래서 "나도 1년의 취준생 시절이 있었고, 왜 자꾸 실패하는 건지 이유를 몰라 막막했어. 그러다 운이 좋아 생각지도 않았던 곳에서 인턴으로 시작하게 된 거야"라고 솔직하게 이야기하지 못했다. 그들에게 해준 조언은 "매일 신문을 읽어라", "스터디를 꾸려서 논·작문 시험을 연습해봐라"와 같은 틀에 박힌 이야기뿐이었다.

지금이라도 멋진 선배 코스프레는 그만두고 털어놓자면, 취업에 성공

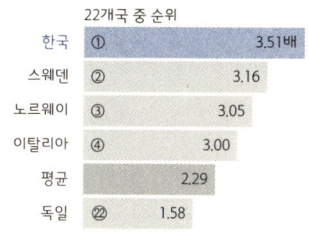

① 2013년 기준 핵심생산인구(30~45세) 실업률 대비 청년(16~29세) 실업률 비율

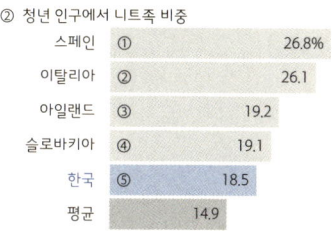

② 청년 인구에서 니트족 비중

③ 고학력 청년(고등학교 졸업 후 대학 및 직업교육을 이수한 25~34세) 비중

표❾ OECD 주요국 청년실업률 비율
〈자료출처: 경제협력개발기구(OECD)〉

하는 이들은 특별하지 않다. 바꿔 말하면 특별하지 않아서, 부족해서 취업에 실패하는 것이 아니다. 즉, 당신에게 문제가 있어서 취업을 못 하는 것이 아니다. 물론 입사 시험에 합격한 사람들 중 스펙이 심하게 화려하거나 "아버지가 이름만 들어도 알 만한 기업 사장이더라"라는 소문의 주인공도 있다. 하지만 그런 사람들은 극히 일부의 케이스다. 대부분의 직장인들은 얼마 전까지만 해도, 수많은 취준생 중 한 명일 뿐이었다.

한국 청년의 교육·지적 수준은 세계 최고로 꼽힌다. OECD가 발표한 〈OECD 직업역량 전망 2015〉 보고서[표❾]에 따르면 고등학교를 졸업하고 대학 및 직업 교육을 이수한 25~34세 청년 비율은 한국이 67.1%로 조사 대상국 가운데 1위였다. OECD 평균인 42.7%보다 25% 포인트 가량 높은 수준이다. 2위인 일본과도 10% 포인트 정도 차이가 났다. OECD 국제학업성취도평가(PISA)에서도 한국 15세 학생은 수학 과목에서 1위, 읽기 등 문장이해능력에서는 일본에 이어 2위를 차지하기도 했다. 그런데 2013년 기준 핵심생산인구(30~54세) 실업률 대비 청년(16~29세)실업률은 한국이 3.51배로, 22개 OECD 회원국 중 가장 높았다. 청년실업률이 중

장년층 실업률보다 3.51배 높다는 뜻이다. OECD 평균은 2.29배였다. 이 비율이 3배를 넘는 회원국은 한국을 비롯해 스웨덴(3.16), 노르웨이(3.05), 이탈리아(3.00) 등 4개국에 불과했다. 대한민국 청년은 가장 높은 교육 및 지적 수준을 갖고 있지만 일자리는 못 찾고 있는 셈이다.

취업에 성공한 이들과 아예 구직을 포기한 집단의 능력 차이도 미미했다. 한국 15~29세 청년층에서 직업이 있는 집단과 구직·직업훈련·교육에 참여하지 않는 집단 간의 능력 차이는 1% 이하로 나타났다. 취업 당락에 있어서 개인의 능력은 문제가 되지 않는다는 의미이다. 구직자 10명 중 3명은 자신의 학력을 낮추거나 숨기고 지원한다는 통계도 여기에 힘을 보탠다.

당신이 못난 게 아니다. 입사 시험에서 번번이 미끄러지던 그 시절의 우리와 고민 상담을 요청했던 후배들처럼 많은 구직자들이 스스로에게서 문제점을 찾고 자괴감에 빠진다. 그런데 문제는 당신이 아니라 경제에 있다. 2005년 방영됐던 국민 드라마 〈내 이름은 김삼순〉에서 주인공 삼순이가 자신에게 "경력이 약하다"고 핀잔하는 면접관에게 "그게 내 잘못이야? 경제 죽인 놈들 다 나오라 그래!"라고 던졌던 사이다급 대사가 그냥 나온 것이 아니다. 앞에서 살펴봤듯 불황의 여파는 구직난으로 이어졌다. 그것도 청년들에게는 취업 한파라는 직격탄으로 떨어졌다. 사정이 어려워진 기업은 투자를 줄였고, 소극적인 투자로 일자리가 감소했다.

엄밀히 말하자면, '아프니까 청춘이다'란 공식도 바로잡아야 한다. 배우 박철민 씨와 방송인 유병재 씨 등이 "아프면 환자"라고 발언한 바 있다. 마음 같아서는 이들과 같이 쿨하게 돌직구를 날리고 싶지만 실제

주위의 청춘들은 아프다. '취업 우울증'에서 '청년 고독사'까지 보고 싶지 않은 뉴스가 자꾸 고개를 내민다. 청춘이 아프다는 것에는 이견이 없지만 원인과 결과가 잘못돼 있다. 이 시대의 2535세대는 청춘이라서 아픈 것이 아니다. 경기침체의 그늘이 청춘들을 아프게 하는 것이다.

강조하고 싶어 반복하는 이야기이지만, 네 탓이 아니란 거다.

헬조선을 사는 청년들의
新 취업공식

무재테크 시대에는 취업도 재테크다

 구직난이 심해지고 있는 상황에서 사원증을 목에 건 사회초년생들은 어떤 사람들일까. 어떤 스펙을 쌓았으며, 몇 번의 도전 끝에 일자리를 차지할 수 있었을까. 또 그렇게 취업을 할 수 있기까지 얼마의 시간이 걸렸을까.

 기자 시험을 준비했던 우리 역시 졸업 후 1년을 취업준비생 신분으로 보내면서 여러 언론사의 필기시험과 면접시험을 치렀다. 이 과정에서 사회·정치·경제 문제를 논술로 써 내고, 처음 보는 사람과 피 튀기는 신경전을 벌어야 하는 토론면접을 보기도 했다. 면접관으로부터 "시각장애인에게 노란색에 대해 설명해봐라"는 상상초월 질문부터 "결혼은 언제 할 거냐"는 사적인 질문까지 수많은 질문을 듣고 답했다. 필기나 면접을 보고 나와 '이 정도면 잘했다' 싶었는데 떨어지기도 했고, 낙담하고 있을 때 합격 소식이 들려오기도 했다. 대체 취업은 어떻게 하면 성공할 수 있는 것인지, 인사담당자들은 어떤 평가기준을 갖고 있는지 궁금했다. 7년 차 직장인이 된 지금 후배들이 찾아와 물어보는 것을 보면 그때나 지금이나 취준생들이 궁금해하는 것은 똑같은 것 같다.

얼마 전만 해도 많은 청년들의 대학 졸업 후 서른 살이 되기 전에 직장생활을 시작했다. 이후 경력을 쌓으며 통장을 불리는 것은 매우 평범한 일이었다. 그러나 이제 청년들에게는 '취직하는 것'조차도 중요한 재테크의 시작이 되어버렸다. 이에 취업빙하기를 겪고 있는 청년들에게 조금이나마 도움을 줄 수 있는 취업공식을 전하고자 한다. 다음은 각종 취업포털 업체들이 조사한 자료를 취합하고 기업 인사담당자들을 취재한 결과다.

누구를 위해 쌓는 스펙인가

취업문을 통과하기 위한 첫걸음으로 흔히 '스펙'을 꼽는다. 스펙은 영어 'Specification'의 준말로, 취업준비생들 사이에서는 이력서에 들어가는 학력, 학점, 토익점수 등을 통합해 가리키는 말이다. 2004년 국립국어원에서는 '신어' 자료집에 수록하기도 했다.

전문가들은 스펙 열풍이 불기 시작한 시기를 1997년 IMF 외환위기 이후로 보고 있다. 외환위기를 거치면서 기업들은 채용 인원을 대폭 줄였고, 경쟁이 치열해지자 남들보다 나은 이력서를 만들기 위해 너도나도 스펙 경쟁에 뛰어들었다는 설명이다. 그 후 장기간 이어진 불황으로 스펙 열풍은 더욱 거세졌다. 대학생뿐 아니라 고등학생, 빠르게는 초등학생들까지 스펙 쌓기에 돌입하고 있다는 믿기 힘든 이야기들이 들려올 정도다.

2016년 대한민국 청년들은 '스펙 9종 세트'의 시대를 맞았다고 한다. 학벌, 학점, 공인영어 성적, 어학연수, 자격증, 공모전 입상, 인턴·대외활동 경력, 사회봉사, 성형수술까지 이 9종의 스펙이 일자리를 구하기 위해 정말 필요한 것일까? 사람인, 잡코리아 등 취업포털의 조사 결과를 토대로 뜯어본 2015년 하반기 신입사원의 평균 스펙은 이렇다.

'학점 3.5점, 토익 721점, 자격증 2개 보유, 지방 사립대.'

대졸 신입사원의 평균 학점은 4.5점 만점 기준으로 3.5점이었다. 이는 2015년 상반기 조사보다 0.1점 오른 수치다. 평가에 학점을 반영하는 기업들의 대부분은 '일정 학점 이상이면 동일하게 평가'를 기준으로 제시했으며, 이때 자격조건은 '3.0점 이상'(47.3%) 또는 '3.5점 이상'(44.6%)이 주를 이뤘다. 외국어시험의 경우 토익 평균 721점으로, 상반기(평균 731점)보다 10점 낮아졌다. 영어회화 점수는 토익스피킹 기준으로 레벨5(110~120)가 가장 많았다. 그러나 정작 기업 10곳 중 7곳은 '어학성적이 평가와 무관하다'고 밝혔다. 또한 2015년 상반기 어학성적을 반영하지 않는다고 답한 비율(52.9%)보다도 20% 가까이 증가했다. 외국어시험 성적에 대한 평가 비중이 낮아진 셈이다.

자격증은 평균 2개를 보유했으며, 자격증 종류는 절반 이상이 전공 관련 자격증이었다. 이외에 OA 자격증, IT 자격증 등을 갖고 있었다. 기업 70%가량은 신입사원 채용 조건에 자격증을 요구했고, 보유한 구직자들을 우대했다. 특히 제조·생산, 연구개발, 영업·영업관리, 재무·회계, 서비스, IT·정보통신 등의 직무 채용 시 자격증 보유 여부를 평가에 반영했다. 대졸 사원 중에는 지방 사립대학 출신이 가장 많았다. 이어 수도권 소재 대학, 지방 국립대학이 뒤를 이었다. 서울 소재 대학과 해외 소재 대학 출신은 10명 중 2명에 불과했다. 전공의 경우 이과 계열이 평균 45%로 인문 계열보다 약 2.5배 많았다. 특히 기업 인사담당자들이 가장 중요하게 보는 스펙으로 전공을 꼽은 것을 보면, '문송합니다(문과라서 죄송합니다)'는 웃자고 하는 소리가 아닌 듯하다.

2015년 하반기 신입사원들의 평균 스펙은 생각보다 높지 않았다. '학점 4.0 이상, 토익 900점 이상, 서울 소재 대학' 등을 기본조건으로 내세웠던 취업준비생들의 말보다는 훨씬 낮은 수준이다. 물론 청년들에게 인기 있는 대기업이나 공기업 신입사원의 스펙을 따로 떼어놓고 보면 평균 이상일 것으로 예상된다. 최근 YBM한국TOEIC위원회와 잡코리아가 함께 4년제 대졸 학력의 취업준비생 901명을 대상으로, '2016년 상반기 대기업 신입 공채 지원계획과 평균 스펙'[표⑩]에 대해 조사한 결과를 보면 기준을 가늠하는 데 참고가 될 수 있겠다.

여러 취업포털에서 실시한 조사 결과에서도 알 수 있듯 취업준비생들과 기업 인사담당자들의 스펙에 대한 생각에는 온도차가 있다. 인사담당자들에게 스펙은 취업 당락을 결정하는 절대 조건이 되지 않았고, 오히려 과한 스펙은 부담스러운 요소였다. 실제 2015년 말 인사담당자 10명 중 2명 이상은 잉여 스펙이 있는 지원자에게 불이익을 준 것으로 나타났다. 이 때문에 탈락시킨 지원자가 있다는 답변도 92.1%에 달했다. 불이익을 주는 대표적인 이유로는 '높은 연봉과 조건을 요구할 것 같다'가 첫손에 꼽혔다. 또 인사담당자의 60%는 '신입 지원자들이 취업을 위해 쌓는 스펙 중 필요 없는 것이 있다'고 답했다.

• 상반기 대기업 신입 공채 취업 목표 기업

순위	취업 목표 기업	응답률 (%, 복수 응답)
1	CJ	57.1
2	SK	47.9
3	삼성	45.3
4	LG	43.8
5	롯데	29.8
6	KT	28
7	현대자동차	22.3
8	금호아시아나	18.4
9	동부	9.4
10	현대중공업	8.8

• 상반기 대기업 신입공채 지원 예정인 취업준비생 평균 스펙

졸업학점 (4.5점 만점)	3.6점
전공분야 자격증 보유	51.5%
토익 보유 · 평균 점수	81.6%
	평균 749점
토익스피킹 보유 · 평균 점수	77.1%
	Level.6 (49.2%)
오픽 보유 · 평균 점수	47.5%
	IH (33.3%), IM2(29.1%)
해외 어학연수 경험자 비율	29.2%
인턴십 경험자 비율	30.7%
대외활동 경험자 비율	45.8%
공모전 수상 경험자 비율	21.8%
직무중심 채용 준비 '한다' 응답자 비율	50.7%

표⑩ 2016년 상반기 대기업 신입 공채 지원계획과 평균 스펙
〈자료출처: YBM한국TOEIC위원회 · 잡코리아〉

취재차 만난 한 기업 인사담당자는 "회사 차원에서는 오래 일할 수 있는 사람을 뽑고 싶어 한다"며 "이로 인해 석 · 박사의 긴 가방끈이나 회계사 같은 전문자격증은 부담스럽다"고 말했다. 이어 "스펙에 집착하는 요즘 신입 지원자들의 이력서를 보면 업무와 상관없는 스펙들이 많다"며 "영어점수 10~20점, 학점 1점 높이는 것보다는 본인이 지원한 업무와 관련된 경험을 쌓는 것이 훨씬 유리하다"고 귀띔했다.

반복되는 불합격이 나이 경쟁력을 앗아간다

그간 경제매체 기자로 취업난이나 저성장 시대를 기사거리로 다뤄왔지만, 정작 취업이 얼마나 힘든지에 대해 체감하지는 못했다. 조사 자료나 통계를 텍스트로 접하면서 그저 '우리가 입사 전에 겪었던 그 수

준이겠지'라고 막연하게 생각해왔다. 현재의 취업난에 대해 제대로 알게 된 것은 불과 2년여 전이다. 회사에는 기자들의 업무를 도와주는 대학생 알바생들이 있었다. 보수도 괜찮고, 업무량도 많지 않았기 때문에 대학생들에게 인기 있는 알바였다. 당시 알바생들과 가까운 자리로 이동하면서 이들과 대화를 할 기회가 많아졌다.

그중 가장 많은 이야기를 나누었던 스물여덟의 여자 알바생은 1년간 60여 개 기업에 원서를 넣었고 모두 낙방의 고배를 마셨다. 서울 SKY대를 졸업하고 토익 900점 이상에 컴퓨터활용능력 자격증 등 괜찮은 스펙을 갖췄는데도 말이다. 무엇보다 그녀는 반듯한 인상에다가 일을 꽤 잘해 사내에서 예쁨을 받는 알바생이었다. 이후로도 계속 취업 실패로 마음고생을 하더니 우리가 이직을 하게 됐을 즈음, 먼저 일자리를 잡은 남자친구와 취업 문제 때문에 헤어졌다는 소식을 전해왔다.

그녀는 본인이 취업에 실패하는 원인으로 '나이'를 꼽았다. 여성 신입사원은 스물여덟이 이른바 '취업 연령 데드라인'이기 때문에 다들 기피하는 것이라고 한탄했다. 그런 그녀에게 서른셋에 신입사원으로 입사한 지인의 이야기나 우리보다 나이 많은 후배가 들어왔던 경우 등을 예로 들며 '나이보단 능력'이라고 위로했다. 하지만 그녀가 우려했듯, 나이가 취업에 어떤 영향을 주는지는 알고 있었다. 실제 부장이 이력서를 검토하면서 "얘는 나이가 너무 많은데……"라며 고개를 갸웃거리는 것을 본 적이 있었고, 늦깎이 신입사원이 된 친구가 면접장에서 가장 많이 들었던 질문은 "그 나이 되도록 뭐했냐"였다. 또 한 기업 인사담당자는 "다들 취업이 늦어져서 지원자들의 나이가 많다"며 "선배보다 나이 많은 후배는 뽑기 부담스럽다"고 토로하기도 했다.

2016년 초 한 설문조사 결과에 따르면, 구직자 10명 중 6명은 자신이 신입사원으로 취업할 수 있는 적절한 연령을 넘겼다고 생각했다. 연령별로 33세 이상이 86%로 가장 높았다. 이어 29세(82.2%), 30세(81.8%) 순이었다. 취업준비생이 학교를 졸업한 후 첫 직장을 가질 때까지는 평균 11개월이 걸린다고 한다. 거의 1년이다. 거기에 열아홉 살에 대학에 입학해 스물셋에 칼같이 졸업할 수 있는 청년이 얼마나 있을까. 휴학을 하고 어학연수, 인턴 경험 등 스펙을 쌓느라 자연히 졸업은 뒤로 미뤄진다. 여기에 학비(학자금 대출 상환 포함)와 월세금을 벌어야 하는 청년들에게 졸업은 '미션'에 가깝다. 대학을 졸업하면 본격적인 시간과의 싸움이 시작된다. 2016년 상반기 기준으로 구직자들의 서류 합격 횟수는 평균 3.5회, 합격률은 18%였다. 면접전형 합격은 평균 1.6회로 서류 합격 횟수의 절반 수준이었다. 그 좁혀진 경우의 수 중에서도 최종 합격을 경험한 구직자는 44% 정도에 불과했다. 이렇게 낙방에 낙방을 거듭하면서 신입사원들의 나이는 점점 많아진다. 이로 인해 서른 살 신입사원이 이젠 어색하지 않은 이야기가 됐다.

　그런데 2015년 상반기 대졸 신입 채용을 진행한 기업 10곳 중 4곳은 신입사원 뽑을 때 내부적으로 나이 상한선을 두고 있다고 밝혔다. 남성의 나이 상한선은 평균 32세, 여성은 29세였다. 상한선이 있는 이유는 앞서 했던 인사담당자의 말처럼 '조직의 위계질서가 흔들릴 것 같아서'가 가장 많았다. 이외에 '다른 직원들이 불편해해서', '조직문화에 적응을 잘 못할 것 같아서', '나이가 많으면 연봉 등 눈도 높을 것 같아서' 등의 이유도 있었다. 실제 이들 기업의 절반은 다른 조건과 상관없이 나이가 많아서 탈락시킨 지원자가 있었다. 기업이 생각하는 신입사원의 적정 연령은 남성 평균 29세, 여성 27세였다. 이외에 기업이 신입사원을 모집할 때 내부적으로 운영하고 있는 비공개 자격조건에는 성별, 거주 지역, 전공, 학력 등도 포함돼 있었다.

"아니 지원을 할 수 있어야 하죠. 제가 가고 싶은 회사는 다 경력만 뽑아요. 입사하려면 경력이 필요하다는 건데 이건 뭐 '가위가 필요한 가위 포장지'죠. 가위가 필요해서 샀는데 포장지를 뜯으려면 가위가 있어야 한다는 거예요." 2015년 초에 만난 취업준비생 중 한 명은 "스펙을 쌓는 데 시간을 보내기보다는 우선 원하는 곳에 지원해보라"는 조언에 이렇게 토로했다.

최근 신입사원 모집을 최소화하고 경력직 채용을 늘리는 기업이 많아졌다. 2015년 1분기 채용 공고를 살펴보니 평균 4건 중 1건은 경력직만 모집한 것으로 집계됐다. 한 채용 포털사이트에 등록된 채용공고 83만 752건을 분석한 결과, 경력직만 채용한 공고가 25.4%를 차지했다. 이는 신입만 채용한 공고보다 4.6배 많은 수준이다. 경력만 채용하거나 신입만 채용하는 공고 수의 격차는 2013년 1분기 3.4배, 2014년 3.9배로 점차 커지고 있는 추세. 이는 직원 채용 시 이들을 교육시키기 위해 들어가는 비용을 줄이고, 바로 업무에 투입 가능한 사람을 뽑기 위한 기업들의 전략인 것으로 보인다. 또 교육을 받고 얼마 되지 않아 회사를 그만두는 신입사원들이 늘어난 것도 기업이 신입 채용을 줄인 요인 중 하나로 분석된다.

2016년 상반기 채용 계획이 있는 기업이 가장 중요하게 생각하는 평가 기준으로 '실무경험'이 1위로 뽑혔다. 이러한 추세는 앞으로도 지속될 것으로 예상된다. 우리 주변에 1년 이상의 구직기간을 거치고 있는 많은 후배들에게 하는 이야기도 이와 관련돼 있다. "대기업에 가기 위해 시간을 들이기보다는 작은 기업에 들어가 경력을 쌓는 것이 더 낫다"는 것이다. 일류기업에 들어가도 40대 중반에는 어떻게 될지 모르는 사회에서 주직장은 무의미해졌다. 처음부터 대기업에 가기 위해 몇 년간 공을 들일 필요가 없다는 말이다. 그리고 요즘 채용시장 트렌드를 감안하면, 경력을 쌓아 도약하는 것이 더 빠른 지름길이 될 수 있다. 지난 7년간 지켜본 수많은 직장인들의 사례가 그랬다.

창업의 바다에 뛰어든 청년들

아마 이 책을 집어든 독자들 중에는 취업보다 창업을 꿈꾸는 이들도 상당수 있을 것이다. 최근 애플리케이션 개발회사부터 카페 및 음식점 프랜차이즈까지 다양한 분야에서 2535세대 CEO들을 찾아볼 수 있다. 그만큼 창업에 나서는 청년들이 많다는 것이다. 청년들이 창업시장에 뛰어드는 이유는 여러 가지가 있겠지만, 많은 전문가들은 주된 배경으로 '구직난'을 꼽는다. 일자리를 구하기가 어렵고, 취업해도 언제 잘릴지 모르는 불안정한 상태이기 때문에 결국 홀로 일하는 방식을 선택한다는 분석이다.

청년들은 열악한 취업시장의 대안을 찾기 시작했다. 스스로 돌파구를 마련하려는 청년들이 많아졌고, 성공한 청년 CEO들도 늘고 있다. 그러나 창업이 일자리를 구하기 어려운 현실의 도피처로 여겨지면서, 준비 없이 나섰다가 빚만 지고 돌아오는 청년들도 적지 않다. 홀로 일하는 사람들의 명과 암이다. 국세청 자료에 따르면 지난 10년간(2004~2013년) 자영업 창업은 949만 개에 달했지만, 이 가운데 793만 개가 폐업했다.

창업 후 10년 생존율은 16%였다. 지난 10년간 10개 중 1~2개만 살아남았다는 의미다. 창업시장에 뛰어든 청년들이 맞은 결과도 이와 비슷하다. 한국도로공사가 청년 일자리 창출을 위해 만 20세 이상 35세 이하의 청년을 대상으로, 고속도로 휴게소에 창업매장 입점을 지원했지만 1년 만에 60%가 폐업하기도 했다.

취업 뺨치게 냉혹한 창업시장에서 살아남는 방법은 무엇일까. 기자생활을 하며 기획한 〈2030 프랜차이즈 CEO〉 인터뷰 기사에서 그 실마리를 찾을 수 있다.

군대를 막 제대한 스물두 살 청년은 장사 밑천을 마련하기 위해 공사판에 뛰어들었다. 일당 6만 원을 모아 탑차를 구입했다. 탑차로 밤낮 없이 배송 일을 하며 7년간 3억 원을 마련했다. 곧바로 건축물 외곽조명 사업을 시작했지만 3개월 만에 사기를 당했다. 다시 마음을 잡고 중국집에 물건을 납품하던 그에게 기회가 찾아왔다. 청년의 성실함을 눈여겨본 중국집 사장이 프랜차이즈 인수를 권유한 것이다. 하루아침에 중국집 프랜차이즈 대표가 된 그는 전보다 더 큰 시련을 경험하게 된다. 점포를 60여 개까지 늘렸지만 12번의 소송과 대규모 세무조사가 발목을 잡았다. 그는 대표직을 내놓고 빚을 지게 됐다. "30대 초반에 아무런 노하우나 지식이 없는 상태에서 프랜차이즈를 운영하다 보니 소송을 겪게 됐어요. 당시는 충격으로 죽고 싶다는 생각조차 들지 않았어요."

또 다른 이는 6년 전만 해도 평범한 회사원이었다. 제약사 영업·마케팅 부서에서 일했던 그는 2007년 서울 안암동의 한 떡볶이 가게를 찾은 후 인생이 180도 바뀌었다. "당시 친구들 모임이 있어 안암동에 갔다가 맛과 서비스가 모두 엉망인데 장사가 잘되는 떡볶이 집을 봤어요. 인근 대학인 고려대 커뮤니티를 가보니 대부분 저와 같은 생각을 하고 있더라고요. '내 기준으로 맛있게 만들어도 저 집보단 잘되겠다'는 생각이 들었죠." 그는 곧바로 사업 준비에 돌입했다. 맛있다고 소문난 떡볶이 가게 40~50곳을 찾아다니며 메뉴를 개발하고, 안암동 먹자골목에 약 7평 규모의 자리를 얻었다. 공구 한 세트를 빌려 내부 인테리어부터 간판까지 직접 작업했다.

두 사례는 순서대로 각각 '셰프의 국수전' 김석훈 대표와 '죠스떡볶이' 나상균 대표의 창업 스토리다. 공사판에서 일당 6만 원을 받으며 일하던 김 대표는 국내를 넘어 동남아 3개국에 진출했고, 작은 떡볶이 가게로 시작한 나 대표는 연매출 900억 원을 올리는 프랜차이즈 CEO가 됐다. 이들이 성공한 CEO가 된 배경에는 진로에 대한 확신과 경험이 있다. 많은 청년들이 진로에 대한 확신 없이 구직난을 피해 창업을 하는데, 이게 가장 큰 실패의 원인이라는 것이다. 또 김 대표처럼 창업에 대한 학습을 하지 않거나 나 대표와 같이 창업 아이템의 시장성을 미리 파악하지 않고 뛰어들면 실패의 확률이 높아진다는 것이 창업 전문가들의 설명이다.

한 집 건너 한 집 꼴로 있던 커피숍이 줄줄이 문 닫는 현상을 목격한 적이 있을 것이다. 현재 인기 있는 아이템을 보고 시장에 뛰어들면 그 결과는 시장 포화다. 여기에 창업 아이템은 생명주기를 갖고 있다. 전문가들은 흔히 창업아이템 트렌드가 3년 주기로 바뀌고 있다고 말한다.

그런데 최근 들어 트렌드가 바뀌는 속도는 점점 더 빨라지고 있는 추세다. 유행을 피하고 다른 창업자들과 차별화할 수 있는 본인만의 아이템을 택해야 한다는 말이다. 가맹점이 100개 이상인 프랜차이즈도 신중하게 계약해야 한다. 점포수가 많으면 믿음직스럽게 느껴질 수 있지만 그만큼 같은 브랜드의 가맹점끼리 경쟁해야 할 가능성도 높아지기 때문이다.

진로에 대한 확신이 있고, 본인만의 아이템을 선정했다면 'K-스타트업'을 추천한다. K-스타트업은 2015년 말 정부가 마련한 사이트(k-startup.go.kr)로, 창업을 꿈꾸는 청년들이 지원받을 수 있는 다양한 프로그램을 한곳에 모아놨다. 그간 다양한 정부 부처와 산하기관이 100여 개의 창업 지원 프로그램을 각각 운영해왔다. 이로 인해 청년들은 본인에게 맞는 프로그램을 찾기가 어려웠다. 이 사이트에서는 맞춤형 프로그램을 쉽게 찾아볼 수 있도록 수요자 중심으로 재구성했다. 창업 교육부터 창업할 시설 및 공간 마련, 멘토링, 정책자금 지원, 판로개척까지 창업의 'A to Z'를 이곳에서 한눈에 볼 수 있다. 또 청년들에게 부담을 줬던 서류작성 절차가 간소화된다. 사업 신청 시 제출해야 하는 사업계획서를 표준화하고, 사업계획서와 등기부등본 위주로 필수 제출서류를 줄였다. 서류 양식은 한글 프로그램뿐만 아니라 파워포인트, MS워드, PDF 등도 인정된다. 이외에 롯데그룹 등 대기업과 연세대를 비롯한 여러 대학도 창업 지원 프로그램을 운영하고 있다.

2535 vs 5060
일자리 사수 경쟁

웰컴 투 오피스 헬

　국내 유통회사에 다니고 있는 친구 송주는 요즘 화가 나 있다. 퇴근 길에 걸려오는 전화에서 그녀는 울분을 터뜨리며 직장 이야기를 쏟아낸다. 대학 때까지만 해도 송주는 긍정적이고 마음이 넓은 친구였다. 제본하려다 그녀의 새 전공교재를 너덜너덜하게 만들어도 쿨하게 웃어넘겼고, 약속시간에 자주 지각하는 친구에게 화 한번 내지 않았다. 송주는 친구들 사이에서 '성자'로 통했다. 그랬던 그녀가 취업을 준비하면서부터 변해갔다. 매번 반복되는 불만과 분노에 몇몇 친구들은 송주를 피하기도 했다. 그녀는 그 어렵다는 대기업 입사 면접에 통과했다. 이후 인턴 딱지를 떼고 정규직 사원이 됐다. 이름만 들어도 알 만한 직장에 높은 연봉을 받으며 다니고 있지만 그녀의 직장 적응기는 한마디로 '헬

(hell)'이었다.

그녀의 분노는 입사 면접 때부터 시작됐다. 안경을 코에 걸치고 입사 지원서를 살펴보던 면접관이 맨 처음 던진 질문은 이랬다. "최송주 씨는 학교를 오래 다녔네요. 어학연수 경험도 없고, 인턴 경력도 없고. 스물일곱 될 때까지 뭐했어요?" 함께 들어간 지원자들에게는 1분 자기소개를 시키더니, 그녀에게는 생각지도 못한 돌직구를 날렸다. 머릿속으로 자기소개를 준비하고 있던 그녀는 숨이 턱 막혔다. 압박면접이겠거니 마음을 다잡고 대답하던 중 뜬금없이 "애인은 있냐"는 질문이 나왔다. 없다고 하자 이번에는 헤어진 이유를 캐물었다. 인격적으로 상처 주는 질문에 사적인 영역까지 공개하라는 면접. 직장에 들어가기 전 이미 송주의 속은 뒤집어졌다.

인턴으로 시작한 그녀에게 면접에서의 일은 '새발의 피'였다. 목숨줄을 쥐고 있는, 그러니까 그녀의 정규직 발령을 결정할 유 부장은 '요즘 애들은'이란 표현을 입에 달고 살았다. 엑셀 파일로 표를 만들어 가면 "요즘 애들은 컴퓨터 잘하지 않나? 근데 넌 왜……"라며 타박했다. 내일까지 해놓으라며 던져준 두세 가지 일을 정신없이 처리하고 있을 때 "요즘 애들은 영어 잘하지?"라며 그녀의 책상에 영어 문서더미를 두고 가버리기도 했다. 송주의 표현을 그대로 옮기자면 인턴을 쥐 잡듯 하던 유 부장은 '월급 루팡'이었다. 사우나 다녀온다며 오후에 2시간씩 자리를 비우기가 일쑤고, 업무시간 부원들에게 페이스북 '좋아요'를 눌러달라는 메시지를 보냈다. 송주의 엑셀 활용법과 영어 실력에 대해 왈가왈부하던 부장은 화면 캡처하는 방법을 물어보는 컴맹에, 콩글리시를 구사하는 50대 아저씨였다.

그렇게 쌓여가던 분노 게이지가 폭발해버린 것은 정규직 발령을 한 달 앞두고서였다. 한밤중 회사 선배에게서 전화가 걸려왔다. "너 다음 달 정규직 심사 있지? 어휴, 어떡하냐. 유 부장이 너 마음에 안 든다고 잘라버린단다. 내가 옆에서 너 일 잘한다고, 같이 일했으면 좋겠다고 설득했는데 안 먹힌 거 같아. 그냥 알고나 있으라고." 평소와 다름없이 일을 마무리하고 집으로 돌아온 날이었다. 부장과 감정싸움을 한 것도, 예전처럼 혼난 것도 아니었다. '부장의 한마디에 그냥 이대로 내쳐지는 건가.' 하는 생각과 함께 서러움이 밀려들기 시작했다. 갑작스러운 통보에 송주는 밤새 울었고, 통곡하는 소리에 부모님은 방문을 두들겼다.

지옥 같은 밤을 보내고 다음 날 아침 퉁퉁 부은 얼굴로 출근한 송주를 보며, 유 부장은 "어제 무슨 일 있었냐?" 묻더니 아무렇지도 않게 그날 업무를 지시했다. 그 후 그녀는 다행히 정규직 발령을 받았고, 유 부장은 여전히 그녀의 평정심 브레이커로 활약하고 있다. 이는 대학친구의 실제 이야기로, 매달 카드값은 갚아야 하는 그녀를 위해 가명을 썼다. 비단 송주만의 이야기가 아니다. 주변을 살펴보면 수많은 송주와 유 부장이 있다. 일자리를 놓고 벌이는 송주와 유 부장의 경쟁은 '2535세대와 5060세대 간 갈등'으로 요약할 수 있다.

'아무것도 해주지 않는 어른'에 대한 청년들의 분노

심각한 청년 취업난을 다룬 기사에 3,000여 개의 댓글이 달려 있다. 댓글은 하나같이 분노로 가득 차 있다. '기성세대들은 대학 때 데모한다고 공부도 안 하고 졸업장 하나로 쉽게 취직할 수 있었지. IMF 외환위기 때는 직급이 낮다는 이유로 칼바람도 피하고, 때를 잘 만나서 집값

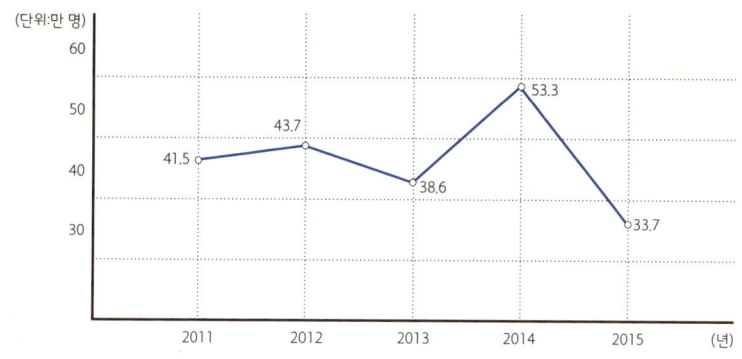

표⓫ 2015년 연 평균 취업자 증가 추이 〈자료출처: 통계청〉

빠졌을 때 집 사났다가 운 좋게 지금 땡잡아놓고는 젊은 세대한테 나약하다는 말이 쉽게 나오지', '돈 없고 빽 없는 젊은이들이 사회에 복수하는 일은 결혼 안 하고 애 안 낳는 겁니다', '취업난은 모조리 2030에게 떠넘기고, 그 와중에 취업한 2030은 486세대에게 연금 떠먹여주며 정작 본인은 못 받는 세대. 2030은 최대한 이 나라 뜨는 게 정답!' 댓글에서 분노의 대상은 5060세대를 향하고 있다.

분노의 근원은 취업난에 있다. 2016년 1월에 통계청이 발표한 〈2015년 12월 및 연간 고용동향〉에 따르면 2015년 연간 취업자 수는 2,593만 6,000명으로 1년 전보다 33만 7,000명(1.3%) 증가했다. 연령별로 60세 이상은 17만 2,000명, 50대는 14만 9,000명가량 취업자 수가 늘었다. 다만, 같은 기간 15~29세에 해당하는 청년 실업률은 9.2%로 역대 최고치를 나타냈다[표⓫]. 전체 취업자 증가폭이 줄긴 했지만 왜 유독 청년들에게만 강한 찬바람이 부는 것일까. 대체 청년들 대신 일자리를 차지한 이들은 누구일까. 이 의문들에 대한 답은 5060세대에 대한 분노로 되돌아왔다.

5060세대는 1970~1980년대 고성장 시기를 살아온 덕분에 쉽게 일자리를 구했지만, 청년들은 화려한 스펙을 쌓아도 취업이 힘들다는 원망이다. 또 저성장 시기에 접어든 현재는 양질의 일자리를 독식하며 기회조차 주지 않는다고 비난한다. 5060세대를 향한 분노에는 무시도 녹아 있다. '콩글리시를 구사하는 세대', '졸업장 하나 갖고 취업한 세대'라는 분노에는 비웃음이 담겨 있다. 역사상 가장 화려한 스펙을 가진 청년들이 기성세대를 바라보는 시선은 원망과 비난, 그리고 무시인 셈이다. 2015년 중순, 직장인 10명 중 6명이 회사에 월급도둑이 있다고 답한 설문조사가 있었다. 월급도둑이 가장 많은 직급은 부장직이었다. 50~60대가 많은 부장들이 무능하다는 평가는 이와 무관치 않은 듯 보인다.

이전까지만 해도 세대갈등이라고 하면 가장 먼저 떠오르는 것이 부모와 자식 간의 갈등이었다. 시대가 변하면 세대 간에 공감대가 줄어들게 된다. 이때 생기는 충돌이 세대갈등이란 이름을 달고 있다. 부모와의 세대갈등은 머리가 커지는 중학생 때부터 본격화된다. "알지도 못하면서"란 말이 앞서고, 부모와 대화하는 시간이 줄어드는 시기가 이때다. 사춘기와 함께 나타나는 세대갈등은 옷, 머리, 성적, 식습관 등 다양한 것에서 비롯된다. 그리고 물론 아닌 경우도 있지만 갈등은 시간이 해결해준다. 그런데 취업난은 이와 다른 세대갈등을 불러왔다. 일자리를 놓고 벌이는 5060세대와 2535세대 간의 경쟁이 바로 그것이다. 원인은 일자리, 단 한 가지로 뚜렷하다. 또 시간이 아니라 사회가 해결해줄 수 있는 문제다. 이로 인해 세대 간의 갈등은 취업 경쟁이 치열해질수록 더욱 깊어지고 있다.

세대갈등의 의미가 다양해진 것과 동시에 청년들에게 5060세대는 아이러니한 존재가 됐다. 사회에서 일할 나이가 되면 부모의 나이 든 모습이 점점 눈에 들어온다. 퇴직을 앞두고 있는 아버지를 보면 일종의 책임감과 부담감이 느껴지기도 한다. 일자리를 구하려고 애쓰지만 취업에 번번이 실패한다. 어쩔 수 없이 나이 든 부모에게 의지해 살아야 한다. 취업을 위한 사교육비가 필요해 면목 없이 손을 내밀기도 한다. 이러한 상황에 있는 청년들에게 부모는 유일하게 기댈 수 있는 곳이고, 미안한 존재다. 부모도 5060세대이지만 사회에서 청년들과 일자리를 놓고 다투는, 분노의 대상과는 또 다른 인물이다.

"아빠도 힘들다" 5060의 외침

청년들의 분노 대상인 5060세대에게도 할 말은 있다. 5060들은 가정을 지켜야 하는 누군가의 아버지고, 어머니다. 청년들의 눈에 탐욕스럽게 보이는 이들에게도 사정은 있다.

중견 화학업체 팀장인 박수근 씨(55)는 요즘 밤잠을 설친다. 생각이 많아져서인지 자려고 누웠다가도 일어나기를 반복한다. 박 팀장의 고민은 두 자녀다. 대학을 졸업한 지 3년째가 된 딸과 대학교 5학년에 재학 중인 아들이 아직 취업하지 못한 상태이기 때문이다. 딸은 공무원 시험을 치르고 있지만 계속 미끄러졌고, 아들은 광고회사의 문을 두드렸지만 불합격 통지서를 받았다. 정년퇴직이 얼마 남지 않았는데 여전히 가계를 책임져야 하는 사람은 박 팀장뿐이다. 퇴직금은 아내의 수술비와 대출금을 메우기 위해 중간에 타서 쓴 상태이다. 네 식구의 생활비에다 자녀들의 결혼비용까지 생각하면 도통 잠이 오질 않는다.

박 팀장이 계획했던 앞날은 이렇지 않았다. 선생님이 되고 싶었던 그는 퇴직 후 제2의 삶을 꿈꿨다. 아내와 형편이 어려운 어린이들을 돕고, 작은 교재를 만들어주고 싶었다. 남는 시간에는 집 앞에 텃밭을 가꾸고, 여행을 다닐 계획이었다. 여유로운 형편은 아니지만 연금을 보태면 아내와 소박한 노년생활을 보낼 수 있을 것이라고 생각했다. 그런데 이런 기대가 몇 년 전부터 무너지기 시작했다. 자녀들의 취업이 늦어지니 점점 부담이 커졌다. 생활비는 물론, 서른이 가까운 딸에게도 용돈을 줘야 하는 형편이 됐다. 상황이 이렇다 보니 정년퇴직이 두려워졌다. 정년까지는 어떻게든 회사에 있다가 이후에는 경비 일이나 택시 운전을 할 생각도 해봤다. 이런 생각들을 하고 있으면 우울하고 짜증이 난다.

박 팀장은 나름 잘 살아왔다고 자부했었다. 경남 진주에서 태어나 '박씨네 우등생 둘째 아들'로 자랐다. 반에서 내리 1등을 하다 서울에 있는 대학에 붙었고, 하숙방에서 처음 타향살이를 시작했다. 하숙집 아주머니의 눈칫밥을 먹으며 살았지만 돈 벌 생각에 힘들지는 않았다. 대학 졸업반 때 '이만하면 괜찮겠다'는 직장에 사원으로 취직했다. 그리고 그곳에서 지금의 아내를 만났고, 하숙방을 나와 작은 월세방에서 신혼생활을 시작했다. 얼마 후 첫째가 태어나고 전셋집으로 이사를 갔다. 그리고 둘째가 빛을 볼 무렵에는 꿈에 그리던 내 집이 생겼다. 출퇴근길에 올려다보던 서울 중심지역 아파트에 드디어 둥지를 틀게 됐다. 대출금을 보태긴 했지만 뿌듯했다. 회사에서는 승진을 거듭했고, 가정에서는 열심히 공부하는 자녀들을 보며 부족할 것 없는 생활을 했다. 탄탄대로였다. 이후 평수를 늘려 이사를 한 번 더 갔고, 자녀들을 모두 서울

권 대학에 보냈다. 이제 가장으로서의 역할은 다했다고 생각했는데, 정년을 앞두고 이런 고민을 하고 있을 줄은 상상도 못 했다. 그는 이미 지쳤다.

박 팀장은 고성장기의 달콤함과 저성장기의 쓸쓸함을 모두 맛본 대표적인 5060세대다. 그들이 젊었을 때는 생각지도 못했던 상황이 갑자기 닥쳐왔다. 정년은 정해져 있는데 가장의 역할은 정년 넘어서까지 해야 한다. 취직과 결혼을 미룬 2535 자녀뿐 아니라 7080 부모도 보살펴야 한다. 자신의 앞날도 걱정이다. 고령화 시대가 됐는데 쓸 수 있는 돈은 한정돼 있다. 연금에만 의존해서 살기에는 빠듯하다. 어떻게든 오래 일해야 한다. 청년들에게 일자리를 양보할 여유가 없는 건 당연한 이야기다. 가정에서는 자녀를 취업시키기 위해 사교육비까지 대주지만 사회에서 만나는 2535세대는 일자리를 놓고 경쟁해야 할 상대다. 청년들은 박 팀장과 같은 기성세대가 일자리 경쟁에서 우위에 있다고 주장한다. 그러나 5060세대 역시 명예퇴직, 감원 역풍에 "나가라"는 압박을 받으며 버티고 있다. 자존심이 상하지만 살아가려면 어쩔 수 없다.

실제 중년 직장인들이 거리로 내몰리는 광경을 가까이에서 본 적이 있다. 증권 담당 기자로 있던 2014년 고소득 직장인인 증권가 애널리스트들이 잇따라 넥타이를 풀었다. 영원히 불황을 모를 것 같았던 증권가에도 경기침체의 여파가 불어닥친 탓이었다. 투자할 여유가 없어지니 주식 거래대금이 줄고, 거래대금 감소는 증권사 수익을 떨어뜨렸다. 난관에 봉착한 증권사들은 잇따라 구조조정을 단행했다. 이렇게 나간 증권사 임직원이 4,000명을 훌쩍 넘었다. 전체 증권사 임직원 수는 정점을 찍은 2011년 말보다 8,000명 이상 줄었다. 이후 콧대 높던 애널리스트 출신이 치킨집을 차렸다는 등의 후일담이 들려오기도 했다. 구조조정 소식은 증권을 비롯한 여러 업종에서 들려오고 있다.

이러한 상황은 매년 벌어지는 임금교섭 현장의 분위기도 바꿔놓았다. 임금교섭 시기가 오면 노사 간의 갈등이 극에 달한다. 그런데 2015년에는 잡음 없이 넘어간 기업이 많았다. 임금교섭 타결 속도는 빨라지고, 임금인상률은 낮아졌다. 오래 버티는 게 중요해진 근로자들이 임금인상률을 낮추는 대신 고용안정을 선택한 것이다. 고용노동부가 2015년 상반기 말 100인 이상 사업장 1만 571곳의 임금교섭 타결 현황을 분석한 결과, 임금교섭 타결률은 43.7%에 달했다. 상반기 말 임금교섭 타결률이 40%를 넘어선 것은 15년 만의 일이다. 외환위기 직후인 2000년에 타결률이 47.5%를 기록한 바 있다. 임금교섭을 완료한 사업장의 임금인상률은 전년 대비 0.4%포인트 떨어진 4.3%였다. 임금교섭에 영향을 미친 주요인으로는 '기업 실적 및 성과'가 첫손에 꼽혔다. 불황에 기업 사정이 악화됐으니 임금인상률이 하락할 수밖에 없다는 이유다.

분노로 가득 찬 2535세대와 구조조정 타깃인 5060세대는 우울하다. 사회가 청년들의 우울함에 주로 집중해 있지만 5060세대도 우울하긴 마찬가지란 이야기다. 중년 남성들의 우울증 증세는 심상치 않다. 건강보험심사평가원은 2009년부터 2013년까지 최근 5년간 〈연령별·성별 우울증 진료 인원 및 점유율 추이〉에 대해 조사한 바 있다. 조사 결과를 보면 2013년 국내 병원에서 우울증 치료를 받은 남성 환자는 약 21만 명으로 5년 전인 2009년보다 4만 명가량 증가했다. 특히 40~59세에 해당하는 중년 남성 우울증 환자의 증가세가 두드러졌다. 해당 기간 우울증으로 병원을 찾은 중년 남성 환자는 1만 4,000여명 늘어났다.

2013년 기준 남성 우울증 환자 분포는 50대가 20.6%로 가장 많았다. 이와 함께 극단적인 선택을 하는 중년 남성도 많아졌다. 중년 남성의 우울증과 자살의 주요 원인으로는 감원 등의 사회적 압박과 경제·생활 문제가 있다.

불황과 저성장의 칼바람은 5060세대에게도 불어닥쳤다. 이들은 청년들만큼 자신들도 힘들다고 외치고 있다. 작아진 아버지의 뒷모습이 지금 5060세대의 상황을 대변해주는 것이 아닐까 싶다.

중재 나선 정부, 해결책은?

정부는 5060세대의 암울한 상황을 반영해 '정년연장'을 들고 나왔다. 현행법에 권고조항으로 돼 있는 '정년 60세 이상'을 의무조항으로 바꿨다. 이에 따라 2016년부터 공공기관과 근로자 300인 이상 기업이 정년연장을 실시한다. 2017년부터는 300인 미만 기업에서도 60세 정년이 의무화된다. 이를 두고 찬반 논쟁이 일기도 했지만 사실 한국이 고령화 사회로 접어들면서 정년연장은 불가피한 일이 됐다. 이렇게 정부가 5060세대를 위한 대책 마련에 집중하는가 싶더니, 얼마 전부터는 이들을 바라보는 시선이 확 바뀌었다. 박근혜 대통령은 2015년 8월, 다음과 같은 대국민 담화문을 발표했다.

"정부는 경제 재도약을 위한 첫 번째 과제로 노동개혁을 강력하게 추진해갈 것입니다. 고령시대를 앞두고 청년들의 실업문제를 지금 해결하지 못하면 우리 미래에 큰 문제로 남게 될 것입니다. 내년부터 정년 연장이 시행되고, 향후 3~4년 동안 베이비부머 세대의 자녀들이 대거 대학을 졸업하게 되면 청년들의 고용절벽은 더욱 심각해질 것입니다. 이제는 우리의 딸과 아들을 위해서, 국가의 미래를 위해서 결단을 내릴 때가 됐습니다. 이를 위해서는 기성세대가 함께 고통을 분담하고, 기득권을 조금씩 양보해야 합니다."

2013년 4월 개정된 정년연장법이 통과된 지 2년여 만에 5060세대는 기득권층이 됐다. 듣는 이에 따라 해석이 달라질 수 있지만 이제는 5060세대가 청년들을 위해 양보하라는 것으로 보인다. 이에 따라 일각에서는 박 대통령의 담화문을 놓고 '정년연장이 시행되기도 전에 이들을 기득권층으로 몰아붙였다', '기성세대와 청년층의 세대갈등을 조장하고 있다'는 등의 비난이 쏟아지기도 했다.

정부가 내세운 대표적인 청년 고용 대책은 '임금피크제'다. 근로자의 정년을 60세로 연장하는 대신 55세 이후로는 일정한 비율에 따라 매년 임금이 삭감되는 게 임금피크제다. 정년연장이 시행되면 국내 기업이 5년 동안 추가로 부담해야 할 인건비 총액은 115조 원을 넘는 것으로 추산된다. 인건비 부담이 커지면 기업들이 청년채용을 늘리기가 어려워진다. 그러니 임금피크제를 둬서 기업의 부담을 줄여주고, 새 일자리를 창출하자는 것이다. 최선의 방법은 정년까지 월급을 그대로 다 받고, 새 일자리도 만드는 것이다. 그렇지만 현실적으로 최선의 방법을 마련하는 게 어렵기 때문에 임금피크제를 정년연장의 타협안으로 제시한 셈이다. 그런데 이 타협안의 시작은 매끄럽지 않았다. 박 대통령이 노동개혁에 대해 발표한 지 약 일주일 후 '임금피크제가 청년 일자리 창출로 이어지지 않는다'는 조사 결과가 나왔다. 우원식 더불어민주당 의원이 국회입법조사처에서 받아 공개한 〈공공기관 임금피크제에 따른 채용 효과 분석〉 보고서를 보면, 2010~2014년 5년 동안 2012년을 제외하고 매년 임금피크제를 도입한 기관이 그렇지 않은 기관보다 신입사원 채용률이 낮았다. 임금피크제 도입이 청년 일자리 창출로 이어진다는 정부의 주장과 상반된다.

 어찌 됐든 정부가 나서 일자리 대책을 마련한다는 것은 반가운 일이다. 모두가 완벽히 만족할 수 있는 대책을 찾기는 힘들고, 타협점을 찾아가는 데에는 시간이 필요하다. 지금처럼 불협화음이 나올 수도 있다. 모두가 '고용안정'이란 지향점을 향해 가고 있다. 그런데 이 과정에서 고용안정책이 2535세대와 5060세대 간의 일자리 뺏기 경쟁으로 비춰지는 것은 안타깝다. 힘이 든 건 양측 모두 마찬가지다. 일자리 대책은 희생이 아닌 상생의 키워드로 가야 한다.

'한탕주의'는 끝났다

1988년의 '한미약품'을 우리도 발견할 수 있을까?

아버지 시대에는 주식, 펀드가 부동산 다음으로 최고의 재테크 수단이었다. 〈응답하라〉 시리즈의 아버지 성동일이 매 시즌마다 주식 투자에 열을 올리는 모습을 꼭 한 번은 보여주는 이유도 이 때문이다. 〈응답하라 1988〉에서도 마찬가지였다. '택이 아부지' 최무성은 "이제부터 투자를 좀 해볼까 하는데, 주식 어떠냐?"고 묻는다. 그러자 '정봉이 아부지' 김성균이 거든다. "내 친구가 삼성전자, 한미약품, 태평양화학은 꼭 사라고 하던데?" 이 말에 현직 은행원으로 나오는 성동일이 콧방귀를 뀐다. "주식지수가 1,000이 넘는다는 게 말이 되냐? 주식은 끝났다. 내가 이율 17%짜리 통장 만들어줄 테니 은행에 맡기소!" 하고 말하면서 말이다.

이것을 2016년인 지금 우리의 시점에서 바라보니 드라마 작가의 뛰어난 유머 센스라고 치부할 수 있지만, 1988년 그 시절을 살았던 우리의 아버지들이 그 장면을 봤다면 조금 많이 속이 쓰렸을 법하다. 성동일이 얘기했던 '말도 안 되는 일'은 벌어졌고, 지금의 주식지수(코스피, KOSPI)는 2,000 안팎을 오간다. 김성균이 추천한 기업 3인방의 주가는 당시 2만~3만 원이었고, 현재 삼성전자가 130만 원선, 한미약품은 70만 원선, 태평양화학은 40만 원 선에 거래되고 있다. 그때 이들 주식을 사서 묻어두고 지금까지 살아왔다면 어땠을까. 실제로 1989년에는 국민소득 중 자산가 계층이 부동산과 주식으로 얻은 불로소득이 77.3%에 달했던 해이기도 하다.

하지만 이제 더 이상 부동산, 주식, 펀드로 '한탕'을 기대할 수 있는 시대가 아니다. 그럼에도 불구하고 재테크 투자서에는 언제나 주식, 펀드가 빠지지 않는다. 이들 책을 읽다 보면 주식이나 펀드에 도전해 제대로 돈을 벌 수 있을 것만 같은 그런 환상에 사로잡힌다. 시대는 바뀌었지만 주식과 펀드가 가져다주는 이미지는 10년 전 그대로인 것이다. 그러다 보니 사회초년생들이 은행 적금 다음으로 가장 쉽게 떠올리는 재테크 상품이 주식과 펀드가 되어버렸다. 포털사이트에 '펀드'를 검색하면 총 3,396건의 결과가 나올 정도다. 꽤나 만만한 재테크로 여겨지고 있는 듯하다. 그렇다면 2016년 지금의 흙수저 세대는 주식과 펀드를 어떻게 받아들여야 할까.

'펀드=장기투자'는 옛말! 지금은 짧게 보는 것이 좋다

"정민아, 아빠가 미안한데 돈이 좀 필요하네……."

김정민 씨(31)가 처음으로 적금을 깬 것은 아버지의 사업이 휘청거릴 때다. 두 번째로 적금을 해지한 건 집 이사 비용을 보태기 위해서였다. 앞으로 1, 2년 안에 결혼할 경우에는 세 번째 적금을 해지해야 한다. 가입할 때야 '5년이고, 10년이고 모을 수 있겠다' 싶지만 당장 내일도 알 수 없는 것이 인생이다. 정민 씨가 펀드 가입기간을 무조건 최소한으로 잡아놓는 이유다. 언제든지 연장하면 그만이기 때문이다.

최근엔 새로운 규칙을 하나 더 세웠다. '한 개 펀드를 오래 유지하지 말자.' 오래 끌어안고 있는다고 해서 수익률이 좋은 것도 아니기 때문이다. 실제 그가 3년째 돈을 붓고 있는 펀드의 경우, 1년짜리 펀드 수익률보다 못하다. 국내 증시와 세계 경제가 꾸준히 성장하지 못하고 출렁임만 반복하다 보니 오래 유지하는 것이 큰 의미가 되지 못하는 시대가 됐기 때문이다. 그가 5년 전 처음으로 펀드 관련 설명회를 갔을 당시, '펀드는 장기투자의 정석과 같다'라는 말을 들었지만 최근 펀드 전문가들은 그렇게 이야기하지 않는다. '펀드=장기투자'라는 공식도 옛말이 된 것이다. 불황에 확신할 수 없는 수익률의 펀드만 믿으며 장기간 일정 금액을 꾸준히 넣는다는 것은 무리수다. 특히 불안정한 시기에 언제, 어떻게 통장에 '총'을 맞출지 모른다. 펀드에 관심을 갖고 한번 도전해볼까 하는 생각이 있다면, 장기간 투자하는 것으로 가닥을 잡는 것보다는 2, 3년 정도 펀드의 성장기를 함께 보낸다는 생각으로 접근하는 것이 좋다.

또한 이 점을 알아야 한다. 이 세상에 완벽한 펀드는 없다. 올라갈 때 잘 올라가고, 폭락할 때는 덜 떨어지는 펀드는 지구상에 없다는 뜻이다. 처음 펀드에 도전하는 사람들의 대부분이 인기 있는 펀드에 눈길이 갈 수밖에 없는데, 뉴스나 관련 기사에서 자주 언급되는 인기 펀드는 되도록 피하는 것이 좋다. 본래 주목받는 모든 것에는 거품이 생기기 마련이다. 인기 펀드로 추천하는 것에 덩달아 투자하는 것은 적지 않은 위험부담을 안게 되는 것이나 마찬가지다. 예를 들어, 주가 1만 원이 적정가치인 기업에 어느 날 갑자기 사람들이 몰려 순식간에 5만 원이 되면 그때부터 각종 관련 뉴스에 '추천', '인기'라는 타이틀을 달고 소개되기 시작한다. 이때 처음 펀드를 시작하는 사람들이 최신 이슈 펀드로 접하기 쉽다. 즉 '이미 한창 올랐을 때'라는 것이다. 4만 원가량 눈에 띄게 상승한 수치 변화를 맹신하며 너나 할 것 없이 모두가 '20만 원이 될 수 있다'고 생각하며 5만 원에 사기 시작한다. 거품이 끼기 시작하는 것이다. 거품이 커질수록 본래 적정가치에 맞춰 곧 사그라지게 된다. 그래서 대부분 "내가 사고 나니 떨어졌다"라고 말한다.

완벽한 펀드는 없지만 대신 자신에게 '도움이 되는' 펀드는 고를 수 있다. 일단 펀드마다 그 성격이 다르므로 이를 파악하는 것이 매우 중요하다. 그다음으로 장·단기적으로 필요한 자금의 성격을 구분 지어 그에 맞는 펀드를 선별해야 한다. 마지막으로 본인의 성향을 체크해보는 것이 꼭 필요하다. 고스톱을 쳐서 1만 원만 잃어도 잠이 오지 않는가? 그런 사람은 펀드에서도 1만 원만 잃어도 안 되는 사람이다. 소액 및 안정적인 펀드를 찾는 것이 좋다. 반대로 어느 정도 돈의 손실에 대한 위험을 감수할 수 있는 사람은 고수익 펀드의 흐름을 잘 이해할 수 있는 편이라, 실제로 잘 운용하기도 하니 도전적인 펀드를 고려해보는 것을 추천한다. 이 같이 성향에 따라서 궁합이 맞는 펀드가 따로 있으니 잘 체크하는 것이 좋다.

손해를 봐서는 안 될 돈을 갖고 있거나 소심한 성격의 사회초년생에게는 '배당주 펀드'가 맞는 편이다. '배당'이란 기업이 일정기간 동안 영업활동을 해 발생한 이익 중 일부를 주주들에게 나눠주는 것을 뜻한다. 배당주 펀드는 배당을 많이 주는 기업에 주로 투자하는 상품이다. 배당을 많이 하는 기업들은 꽤 있고, 이익이 안정적으로 발생한다는 것이기 때문에 상대적으로 탄탄한 편이다. 또 펀드에 가입할 때는 상대적으로 역사와 전통이 오래된 자산운용사를 택하는 것도 팁이다. 오래된 회사들은 경험이 많아 위기에 처했을 때도 리스크를 잘 관리하는 노하우가 충분하기 때문이다.

펀드 싸게 파는 '마트'도 있다. '펀드슈퍼마켓'(www.fundsupermarket.co.kr)은 온라인 전용 펀드판매사로, 펀드를 쇼핑하기엔 최적의 장소다. 52개 자산운용사의 900여 개 펀드가 마련되어 있어, 마트에서 원하는 물건을 장바구니에 담아 사듯이 이곳에서도 펀드를 쇼핑할 수 있다. 본인이 원하는 맞춤형 펀드에 투자할 수 있도록 펀드별로 펀드 수익률과 위험도, 포트폴리오 등도 정리해놨다. 또한 가입한 펀드의 투자 자금 배분 비율과 투자기간을 입력하면 투자성과와 위험수준도 미리 계산할 수 있다. 펀드슈퍼마켓을 특히 추천한 이유는 따로 있다. 이곳에서 펀드를 가입하면 전용상품의 경우 선취수수료가 무료다. 후취수수료와 판매보수도 무척 저렴하다.

주식은 '경제 교과서'가 될 수 있다

'주식' 하면 6년 전 일이 떠오른다. 주식에 대해 본격적으로 이야기하기에 앞서, 잠시 생애 처음 '진짜 주식'을 알게 된 이야기를 꺼내볼까 한다.

2010년 겨울 오전 6시. 연신 허연 입김을 내뿜으며 지하철 5호선 여의도역 5번 출구를 올랐다. 여의도 지상에 발을 내딛기 전, 출구 앞에서 바라본 세상은 경이로웠다. 칠흑 같은 배경에 높은 빌딩들이 촘촘히 자리를 잡고 있었다. 유리창으로 도배된 압도적인 건물들의 위엄에 위축됐다. 집을 나설 때보다 더한 한기가 느껴졌다. 건물들의 창밖으로 불빛이 새어 나왔지만 거리에는 사람의 흔적도 찾아보기 힘들었다. 이곳에 사람이 있기나 할까 의문이 들 정도였다. 그것이 여의도의 첫 출근길, 첫인상이었다. 2010년 수습기자였을 당시 온 부서를 돌며 교육을 받아야 했고, 그날은 증권팀에서 첫 교육을 받는 날이었다. 덕분에 생애 처음으로 여의도 땅을 밟았다. 바짝 긴장한 상태로 증권팀 선배들을 만났다. 동기와 함께 오전 내내 업무에 대한 교육을 받고, 점심시간 선배들을 따라 밖으로 나왔다. 검정색 정장 차림의 여러 무리가 그 수많은 건물들에서 쏟아져 나왔다. 여의도 풍경은 오전과 오후 모두 참 낯설었다. 선배들은 여의도 맛집이라며 생선구이 전문점으로 데려갔다. 생선을 눈앞에 두고 밥 한 숟갈을 뜨려고 할 때, 선배가 동기를 향해 물었다.

"너 경제 공부는 좀 했냐?"

올 게 왔구나 싶었다. 직전 주말, 증권팀 교육을 앞두고 '선배들이 막 물어보면 어떡하지', '그것도 모르냐고 혼내는 거 아냐…….' 하며 전전긍긍하다 결국 책 한 자 읽지 않고 잠들어버린 기억이 떠올랐다. 선배의 시선이 느껴졌다. "질문 하나 하자. 엔화 가치가 하락했는데, 한국 자동차 기업의 주가가 떨어졌어. 왜일까?" 질문조차 이해하지 못했는데 답을 알 리가 없었다. 그 상태에서 얼음이 됐다. 그렇게 여의도 맛집에 대한 감상은커녕, 밥이 입으로 들어가는지 코로 들어가는지도 모른 채 식사를 마쳤다.

그 후 일주일간의 증권팀 교육을 마치고 산업팀으로 배정을 받았다. 이후 여의도 첫날의 기억은 잊고 지냈다. 산업팀에서 일을 시작하며 'B2C(Business to Consumer, *발음이 유사해 to 대신 2를 활용해 표기한다)', 기업의 상품이 소비자에게 가는 과정과 그 사이에서 벌어지는 수많은 경쟁을 기록했다. 그리고 산업계의 동향과 각 기업들의 경영 상황 등을 취재했다. 일은 힘들었지만 즐거웠다. 한창 일에 재미를 붙여갈 때쯤이었다. 2013년 5월 인사발령이 났고, 산업팀에서 증권팀 명단으로 이름이 옮겨져 있었다. 3년 전 증권팀에서의 악몽이 다시 떠올랐다.

그날부터 증권뿐 아니라 경제 전반에 관한 책을 닥치는 대로 읽었다. 증권팀 선배들이 추천해주는 책은 형광펜을 칠해가며 두세 번씩 정독했다. 이론은 대충 알겠는데 일을 할 엄두는 나지 않았다. 아침마다 기자들이 받아 보는 증권사 기업분석리포트는 암호로 가득한 문서더미였다. 기사를 올린 후 걸려오는 전화는 두려움의 대상이었다. 잔뜩 화가 난 선배의 목소리가 들려올 것이 뻔했다. 한동안 증권팀에 적응하지 못하고 겉돌았고, 직장을 그만둘 생각까지 하고 있었다.

어느 날, 옆에서 보다 못한 선배가 나에게 '주식 투자'를 권유했다. 글로 배우는 것보다 몸으로 익히는 것이 더 낫고, 직접 투자를 해봐야 주식에 관심이 생긴다며 일단 한번 해보라고 말했다. 그 말에 뭐라도 해보자는 심정으로 비상금 50만 원을 주식에 털어 넣었다. 선배의 처방은 적중했다. 눈앞에서 돈이 움직이니 절로 공부가 됐다. 먼저 사놓은 주식의 가격이 오르거나 내리는 이유를 찾아보게 됐다. 주가가 움직이는 배경은 다양했다. 글로벌 및 국내 경제, 해당 기업의 실적, 경영 변화 등 여러 요인이 작용했다. 이 과정이 반복되니 경제 이슈를 분석하고, 향후 움직임을 예상해볼 수도 있게 됐다. 수습 시절, 머릿속을 백지장으로 만들었던 질문에 대한 답도 자연스럽게 알게 됐다.

주식을 투기 또는 도박의 수단이라고 생각하는 사람들이 적지 않다. 주식을 몰랐던 때의 우리 역시 그런 의견과 별반 다르지 않았다. 그러나 증권팀에서 근무하며 알게 된 것은 이만큼 친절한 경제 교과서도 없다는 점이었다. 또 개인의 기준에 따라선 안전한 투자처가 될 수도 있었다. 재테크를 생각하고 있다면 어찌 됐든 경제를 공부해야 한다. 경제 공부를 어떻게 시작해야 할지 고민하고 있는 이들에게 주식을 추천한다. 주식에 투자하라는 이야기가 아니다. 주식이란 경제 교과서를 구입하라는 뜻이다.

이 말을 다르게 바꿔 말하면 주식으로 '한탕주의'를 기대하지 말라는 이야기다. 증권팀에 몸담은 약 2년간 주식을 했지만 결과는 원점이었다. 어느 종목으로 돈 좀 벌었나 싶으면, 꼭 다른 종목의 주가가 곤두박질쳤다. 여의도 증권가에는 우스갯소리로 "증권부 기자 중에 주식 투자로 돈 번 기자를 본 적이 없다"는 이야기가 돌기도 한다. 오전 7시부터 오후 7시까지 하루의 절반을 여의도 증권가에서 보내는 사람들도 주머니를 채우기 쉽지 않은 것이 바로 주식이라는 이야기다.

당신의 투자성향은 어느 쪽?

재테크를 하기 위해 경제를 공부하고, 경제를 공부하려면 주식을 해보라고 말했으니, 주식에 도전해보기 전에 꼭 알아야 할 한 가지를 짚고 넘어가려 한다. 그것은 바로 '투자성향'이다. 앞서 펀드에 대해 이야기하면서도 마찬가지로 자신의 성향을 파악하는 것이 꼭 필요하다고 언급했지만, 몇 번을 강조해도 부족하지 않다. 그럼 여기서 자신의 투자성향이 어느 쪽인지 한번 파악해보자.

자, A와 B 두 사람이 있다. A는 여윳돈을 주식에 투자하고 있다. 큰 욕심은 없다. 적정 수준의 목표를 잡고 목표치에 근접하면 매도한다. 그가 몸담고 있는 식음료 업계에서 괜찮다 싶은 기업의 주식을 산다. 어느 정도 올랐다 싶으면 팔고, 또 다른 주식을 사면서 종잣돈을 불려간다. 잃는 경우도 있지만 시행착오 정도로 생각하고 뒤돌아보지 않는다. 반면 B는 용돈의 절반을 들여 처음으로 주식을 샀다. 아버지가 추천해서 사긴 했지만 내심 불안하다. 주식시장이 열리는 주중 오전 9시부터 오후 3시까지 초조해하며 주가 변동을 본다. 주가가 떨어지면 가슴이 덜컥 내려앉고, 오르면 당장 매도하지 않은 것을 후회한다. 고민하다 다행히 주가가 올랐을 때 팔긴 했어도, 이후 매도가보다 주가가 더 올라간 걸 보면 한참 미련이 남는다.

대범한 A와 소심한 B, 당신은 어느 쪽인가? 재테크 초보자는 대부분 스스로 투자성향을 파악해본 경험이 없다. 대개 자신이 대범한 스타일이라고 생각하지만 막상 주식 투자를 하고 나면 그렇지 않다는 것을 알게 된다. B처럼 미련이 남아 자꾸 되돌아보게 되고, 30분에 한 번씩 주가를 체크하며 고통스러워하기도 한다. 우선 자신의 정확한 성향을 파악하기 위해 잃어도 상관없을 정도의 최소한의 돈을 들여 일단 주식을 사서 지켜보기를 권한다. 그만큼 성향 파악은 중요하다. 왜냐하면 모든 재테크 투자 방법을 결정짓기 때문이다.

사실 주식 투자는 대표적인 '직접 투자' 방식이다. 전문가에게 맡긴 후 수익을 기대하는 간접 투자와는 다르다. 직접 투자는 본인이 스스로 투자할 대상을 찾는 것으로, 수익이 나든 손실이 나든 본인의 손끝에서 나온 결과물이다. 하나부터 열까지 모두 스스로 결정하는 재테크이다 보니 본인의 투자성향을 여실히 파악할 수 있다. 펀드·주식뿐만 아니라 본격적인 재테크에 앞서 투자성향을 알아보는 것은 중요하다. 돈을 벌고 안 벌고를 떠나서 본인에게 맞지 않는 재테크 방법은 생활 자체를 망가뜨릴 수도 있기 때문이다. B와 같이 소심한 투자성향을 가진 사람들은 직접 투자보다 간접 투자를 추천한다.

만약 직접 투자를 하게 된다면 스스로 현재 재정 상태를 분석하고, 투자 금액 및 목표 수익률을 계획해야 한다. 이 과정에서 공격적인 스타일인지, 아니면 방어적인 스타일인지 파악 가능하다. A는 대범하지만 공격적인 스타일은 아니다. 여유가 있을 때에만 투자를 하고, 과도한 수익률을 목표로 삼지 않는 점에서 방어적인 스타일에 가깝다. 본인의 스타일에 따라 투자금과 목표 수익률을 맞추고, 분산투자 시 비중을 조정할 수 있다. 재테크 계획을 세우기 위해 필요한 기본 사항들을 자신의 투자성향 및 스타일에 맞게 조율할 수 있는 셈이다. 물론 대범과 소심, 공격과 방어의 기준은 각자가 다를 수 있다.

무재테크 시대 속 2535가 주식을 선택하는 이유

"이렇게 주식에 투자하라"고 알려주는 것은 사실 쉬운 일이 아니다. 더 나아가 "주식 투자로 재테크를 해보라"고 제안하는 것은 그보다 더 힘들다. 주식을 투자가 아닌 공부의 관점에서 이야기했던 이유도 이 때문이다. 주식의 비법을 말하거나 주식을 권하기 어려운 이유는 주가에 영향을 주는 변수가 무척 다양하기 때문이다. 또 '열 길 물속은 알아도 한 길 사람 속은 모른다'는 속담처럼 주가를 이끄는 투자자들의 심리를 가늠하기 어렵다. 그래서 주가는 한 치 앞을 내다보기가 힘들다.

'아버지가 주식으로 집을 날렸다', '주식 때문에 집안 어른들이 갈라섰다'는 등의 이야기를 한 번쯤은 들어본 적이 있을 것이다. 기본적으로 주식 투자가 갖고 있는 위험성은 크다. 게다가 최근 불황의 여파가 중소기업뿐 아니라 대기업까지 덮치면서 주가가 휘청거리는 상황이다. 심지어 글로벌 기업으로 성장한 삼성전자도 실적 부진 등의 악재로 불안한 흐름을 이어가고 있다. 주가 변동이 가장 불안한 시기다. 그럼에도 불구하고 주식 투자를 선택한 청년들을 만나 직접 그 이유를 들어봤다.

이병진 씨(29)는 대학생 때부터 주식 투자를 해왔다. 설 명절에 큰아버지의 주식 투자 성공기를 들은 후 눈길도 주지 않았던 주식에 관심이 생겼다. 큰아버지는 스톡옵션으로 '억' 소리 나는 수익을 얻었고, 그 어느 때보다 위풍당당하게 명절 가족행사에 참석했다. 스톡옵션은 회사가 임직원에게 자사 주식을 일정한 가격으로 살 수 있는 권한을 주는 제도다. 주가가 오르면 그만큼 수익을 볼 수 있다. 사업성은 높지만 당장 많은 급여를 줄 수 없는 중소·벤처기업이 인재 채용 시 스톡옵션을 협상 테이블에 올려놓기도 한다.

할머니의 아픈 손가락이었던 큰아버지가 스톡옵션으로 이른바 '대박'을 낸 것을 보고 병진 씨도 주식을 공부했다. 이후 대학교 주식 투자 동아리에 가입해 본격적으로 실전 경험을 쌓기도 했다. 그는 용돈으로 주식 투자를 하며 조금씩 수익을 내기 시작했고, 투자 금액도 점점 불어났다. 자신감이 붙었을 무렵 동아리 친구가 "이번 건 확실하다"며 특정 종목을 추천했다. 이야기를 들어보니 주가가 오를 것이라는 예상 시나리오의 앞뒤가 딱딱 맞았다. 병진 씨는 부모님께 도움을 청해 200만 원을 쏟아부었다. 부풀어 오른 기대와 달리 결과는 참혹했다. 동아리 친구가 추천한 주식은 일명 '작전주'였다. 일부 세력들이 차익을 내기 위해 시세를 조작하는 행위를 '작전'이라 부른다. 당시 타격을 회복하기까진 시간이 걸렸지만 그는 여전히 주식 투자를 하고 있다. 바뀐 점이 있다면 잃어도 타격이 없을 정도의 금액만 투자하고, 남의 제안에 절대 휘둘리지 않고 자신이 직접 찾고 판단해 종목을 정하는 것이었다.

병진 씨는 주식 투자를 하는 가장 큰 이유로 '저금리'를 꼽았다. 늦어도 5년 뒤, 지금 만나는 여자친구와 결혼하고 싶은 그에게 필요한 것은 목돈을 만드는 것이다. 그런데 기준 금리 1%대의 초저금리 시대에 접어들면서 더 이상 적금으로 돈을 불리기가 힘든 상황이 됐다. 펀드도 지지부진하기는 마찬가지였다. 제자리걸음인 월급에 1%대의 금리로는 결혼해 살 집을 마련하기가 힘들었다. 큰아버지와 같은 대박을 바라는 것이 아니라, 그저 예·적금 금리보다 높은 수준의 수익이 필요하다고 생각했다. 그것이 가능하다고 생각된 방법이 주식 투자였다. 단, 일반 은행 금리보다 높은 수익을 얻는 대신 감수해야 할 위험성을 최소화하고 안정성을 확보하기 위해 병진 씨는 투자 종목에 대한 공부와 조사를 정말 폭넓고 깊게 한다고 말했다.

안정성을 위해 국내 투자 종목을 공부하는 병진 씨와 달리, 송지유 씨(28)는 과감하게 중국 주식시장에 투자한 케이스였다. 2014년 11월 그간 굳게 닫혀 있던 중국 대륙의 빗장이 풀린다는 소식을 들은 지유 씨는 한국보다 성장률이 높은 중국 시장에서는 더 많은 기회가 있을 것이라는 뉴스와 전문가의 공통된 조언을 고려해 고민 끝에 투자 결정을 내렸다. 그녀는 우선 증권사에서 해외주식 매매 계좌를 만든 후, 해당 증권사의 HTS(Home Trading System · 개인 투자자가 객장에 나가지 않고 집이나 사무실에서 주식 거래를 할 수 있는 프로그램)를 통해 마우스 클릭 몇 번으로 중국 주식을 샀다.

지유 씨는 중국 내수 소비 관련 종목을 한화로 300만 원어치 매입했다. 중국 기업에 대한 정보가 많지 않았지만 중국인들의 소비여력이 점차 커질 것이란 전망에 그나마 이름이 알려진 내수주를 택했다. 예상대로 주가는 쑥쑥 올라갔다. 더 올라갈 것 같다는 생각이 들었지만 일단 여름휴가 비용을 마련하기 위해 50%에 달하는 수익률을 내고 매도를 결정했다. 성공적인 투자 결과에 곧바로 두 번째 매입 계획을 세웠다. 그러던 중 눈으로 보면서도 믿기 힘든 일이 벌어졌다. 탄탄대로일 줄만 알았던 중국 증시가 경기둔화 우려 등으로 연일 곤두박질쳤다. 욕심을 내 주식을 매도하지 않고 계속 두었을 수 있었던 상황을 상상하니 끔찍했다. 관련 기사와 정보를 계속 살펴본 끝에 두 번째 투자는 급락세가 마무리될 즈음까지 미뤄두기로 했다.

한국은 저성장의 늪에 빠지고 있다. 이런 상황에서 지유 씨와 같이 국내를 벗어나 해외시장에 투자할 수 있는 방법 중 하나가 주식 투자다.

고성장하거나 수익이 기대되는 해외시장에서 새로운 기회를 찾는 것이다. 겉으로만 보면 완벽한 재테크인 것 같지만 속사정은 복잡하다. 해외에 투자하는 것이기 때문에 환율, 각국의 주식 투자 관련 규정, 예상치 못한 경제변수 등이 발목을 잡는다. 결국 국내든 해외든 주식 투자에는 위험이 도사리고 있다. 병진 씨와 지유 씨가 그럼에도 불구하고 주식 투자를 하는 배경에는 저금리와 저성장이 있다. 저금리·저성장 기조가 장기화되면서 청년들이 재테크로 수익을 얻는 데 분명한 한계가 생기기 시작했다. 손실을 볼 위험이 있지만 그 한계에서 그나마 자유로운 것이 주식 투자이기에, 장기적으로 미래를 준비하는 청년들에게 주식에 대한 관심이 높아지고 있다. 청년들에게 주식이란 5060세대가 갖는 '투자'의 개념과는 달리 좀 더 생활밀착형 재테크에 가까운 것 같다.

생애 첫 주식 투자, 이렇게 시작하라

주식 투자에 나선 2535세대를 위해 금융업계의 이름난 전문가에게 도움을 요청한 적이 있다. 재테크에 관심 있는 청년들과 전문가가 점심 식사를 하며 자유롭게 이야기하는 자리를 계획했고, 우리의 요청에 흔쾌히 응해준 전문가는 '한국의 워런버핏'이라 불리는 이채원 한국투자자산운용 부사장이었다. 이 부사장은 가치 투자의 대부로 꼽히며 각종 투자 관련 강연에 초대되는 인물이다. 이 부사장과 만난 청년들은 가볍게 이런저런 이야기를 나눈 후 본격적으로 그에게 묻고 싶었던 질문들을 쏟아내기 시작했다.

가장 먼저 나온 질문은 "주식 투자를 시작하려면 언제가 적기인가요?"였다. 이 부사장은 "여유 자금이 생겼을 때"라고 답했다. 모두 다

잃을 수 있다는 최악의 상황을 가정하고 '없어도 큰 타격이 없는 돈'을 가지고 투자해야 한다고 말했다. 실제 이 부사장은 30년 가까이 투자만 전문으로 했음에도 불구하고, 다음 날 주식이 오를지 떨어질지를 맞춘 적이 없다고 말했다. 그만큼 위험부담이 크다는 것이다. 본인이 직접 투자해야 하는 재테크인 주식에 대한 감을 익히기 위해서는 배운다고 생각하고, 10대든 20대든 용돈의 일부를 가지고 실제 투자 경험을 쌓아보는 것이 좋다고 말했다.

이 부사장은 '여윳돈'에 대해 좀 더 이야기하기 시작했다. "옛날에는 일단 돈을 모으면 적금을 들어서 집부터 샀죠. 10년이나 20년 적금 들면 집을 샀으니까요. 알겠지만 지금은 이자도 없고 집값도 올라서 어림도 없는 얘깁니다. 앞으로 최소 4~5년 가까이 저성장·저금리 시대가 지속될 수 있습니다. 이럴 때는 처음부터 주식, 펀드, 연금, 적금 등으로 배분한 뒤 섞어서 투자를 하는 게 낫다고 생각합니다." 여윳돈을 전부 한곳에 몰아서 쓰면 안 된다는 것이다. 이어 그는 '균형 있는 삼분법'을 일러줬다. 완벽한 자산가치 배분법은 존재하지 않지만 재테크를 할 때 항상 균형 있는 삼분법을 기억해야 한다고 말했다. 예를 들어 자신의 자산을 적금, 펀드, 주식에 투자한다고 해보자. 처음에는 각각 똑같은 비중으로 나눠놓는다. 시간이 지난 후 보니 주식 투자의 수익은 높고, 펀드 수익은 낮다면 주식의 비중을 높여가고, 펀드는 줄여나가는 방식으로 균형을 맞춰야 한다는 말이다. 현재 우리 상황과 같이 시중은행 금리가 워낙 낮을 경우에는 투자 항목 중 은행 적금 비율을 줄여나가는 것을 고려해봐야 한다.

주식과 관련해 사람들이 가장 궁금해하는 것은 바로 '어떤 종목'을 사야 하는지에 대한 정보다. 이 부사장은 그에 대해 "본업에 충실하라"고 답했고, 식사 중 서너 번 반복하며 거듭 강조했다. 그만큼 자신이 몸담은 직장에 집중해 돈을 모으는 것이 중요하다는 것이다. 그는 본업과 재테크를 혼동하는 경우를 가장 경계했다. 투자를 할 때도 자신의 본업, 관심사와 연계된 곳에서 찾아야 한다는 것이다. 이 부사장은 그 예로 자신의 아내 이야기를 꺼냈다. "제 아내는 가정관리학을 전공했는데 가정관리를 정말 귀신같이 합니다. 이런 가정주부들은 장을 보니까 이 분야에서 가장 먼저 '뜨는 회사'를 알 수 있죠. 대형마트 1호점이 처음 들어섰을 때의 반응을 봐도 그 기업의 가치를 가늠할 수 있습니다. 지난해에 면세점에 가서 중국인들이 우글거리는 걸 봤다면 당연히 요우커(중국 관광객) 수혜를 본 기업을 찾아봤어야 하죠."

특히 많은 직장인들이 범하는 실수가 투자 종목을 자신과 전혀 관련성이 없는 것으로 고르는 점이다. 정보기술(IT) 회사에 다니는 사람이 엉뚱한 이야기를 듣고 줄기세포기업 주식을 사거나, 제약회사에 들어간 사회초년병이 스마트폰 부품기업의 주식을 매입하는 건 실패의 지름길이다. 모름지기 주식이란 주가가 오를 것으로 예상되는 종목을 다른 사람들보다 빨리 알아채고 가격이 오르기 전 매입하는 것이 중요한데, 그 성공률을 가장 높게 끌어올릴 수 있는 것은 자신이 확신을 갖고 판단할 수 있는 주변 환경에서 그러한 가치 종목을 찾아내는 것이다.

마이너스 출발선에 선 청년들

나는 대한민국 서른 살입니다

이런 증상이 나타난 게 일주일은 넘은 것 같습니다. 회사 동기들과 웃으며 이야기하던 중 갑작스럽게 표정이 돌변하고, 배고픔을 참고 참다가 찾아온 점심시간에는 밥을 몇 술 뜨기도 전에 식욕이 사라져버립니다. 밤에는 잘 자다가도 갑자기 눈이 번쩍 떠지죠. 시계를 보면 새벽 3시, 또는 4시. '출근하려면 자야지'란 생각으로 다시 눈을 감지만 이때부터는 도통 잠이 오질 않습니다. 가족과 동료들은 이런 저를 보며 "여자친구와 헤어진 것 아니냐"고 걱정하죠. 여자친구와 관련된 문제는 맞지만 헤어진 것은 아닙니다. 사이가 멀어진 것도, 다른 여자가 눈에 들어온 것도 아닙니다.

올 1월 초였을 거예요. 여느 때와 다름없이 여자친구와 주말 데이트를 즐기고 있었죠. 새해 기분도 낼 겸 간만에 뷔페도 가고, 일반 상영관보다 가격이 비싼 프리미엄 영화관에서 요즘 인기 있다는 영화도 봤죠. 그렇게 만족스러운 데이트를 마치고 여자친구를 집에 데려다주려고 버스에 탔어요. 그때 여자친구가 제 얼굴을 빤히 보면서 이야기하더라고요. "우리 이제 서른이네. 너 나한테 결혼하자고 안 할 거야?"

순간 멍했습니다. 저의 멍한 머릿속을 꿰뚫어봤는지 여자친구는 웃으며 이야기를 전환하더라고요. 대학교 CC로 시작해 올해로 5년째 만나고 있으니 당연히 나올 법한 말이었죠. 그리고 남자 서른과 여자 서른은 다르니까요. 저도 '결혼한다면 이 여자랑 해야겠다'는 생각을 한 적은 있지만 막상 결혼, 이 두 음절의 단어를 직접 들으니 눈앞이 깜깜해졌어요. 앞날에 대한 고민을 진지하게 할 시기가 된 거죠.

저는 마이너스 출발선에 서있습니다. 3년 만에 공무원 시험에 합격하면서 더 이상 바랄 것이 없다고 생각했습니다. 공무원 중에서도 가장 낮은 9급이지만 집안은 축제 분위기였어요. 부모님이 동네에 플래카드 건다는 걸 뜯어말릴 정도였으니까요. 그렇게 이제 더는 힘들 일이 없겠구나 싶었는데 저의 상황은 그리 달라지지 않았습니다. 한 걸음을 떼면 앞으로 나아가야 하는데 저는 러닝머신 위에서 뛰고 있는 것 같습니다.

9급 1호봉의 올해 월급은 134만 6,400원. 여기서 매달 학자금 대출 24만 원과 월세방 보증금 대출 30만 원이 '퍼가요'를 외칩니다. 80만 6,000원에서 월세 56만 원을 내면 24만 6,000원. 이 돈으로 교통비, 통신료 등을 제하면 남는 것이 없습니다. 매달 빠듯합니다. 주중에는 돈을 아끼기 위해 구내식당에서 저녁까지 먹고 오지만 도무지 저축을 할 만한 상황이 되질 않습니다. 대출금을 일단 갚고 나면 숨통이 트일 것 같습니다. 이런 상황에서 여자친구가 '결혼'이란 판도라의 상자를 열었습니다. 학자금 대출도 아직 다 갚지 못했는데 결혼비용이나 같이 살 전셋집이라도 마련하려면 저는 또 대출을 받아야 합니다. 불타는 금요일인데도 기분이 축 처집니다. 내일 여자친구의 얼굴을 보는 것이 막막합니다.

대한민국 서른 살, 신입 공무원의 이야기는 2016년에 나온 각종 경제지표를 바탕으로 재구성한 것이다. 2016년 기준 공무원 9급 1호봉이 받게 될 월급은 134만 6,400원이고, 대졸자 10명 중 7명은 매달 평균 24만 원씩 학자금 대출을 갚고 있다. 또 2016년 1월 전국 주택의 월세 평균가격은 56만 원을 기록했다. 새해가 되고 쏟아진 각종 경제지표가 '평균치'란 수식어를 달고 발표되는 것으로 미뤄볼 때, 대한민국 서른 살의 상황은 이처럼 녹록치 않을 것으로 보인다.

청년들에게 빚 권하는 사회

현재를 살아가는 청춘은 빈곤하다. 실제 대한민국 청년 2명 중 1명은 빈곤층으로 떨어질 위험성이 높은 것으로 드러났다. 한국보건사회연구원이 진행한 〈청년근로빈곤층 사례연구〉를 살펴보면, 2013년 기준 우리나라 19~34세 청년들 중 '근로빈곤 위기계층'은 47.4%에 달했다[그림 ❷]. 보고서는 근로빈곤 위기계층을 중위소득(총가구를 소득 순으로 순위 매겼을 때, 가운데를 차지한 가구의 소득) 50% 미만인 근로빈곤층, 불안정한 취업과 실업을 반복하면서 빈곤 위험성이 감지되는 청년 등으

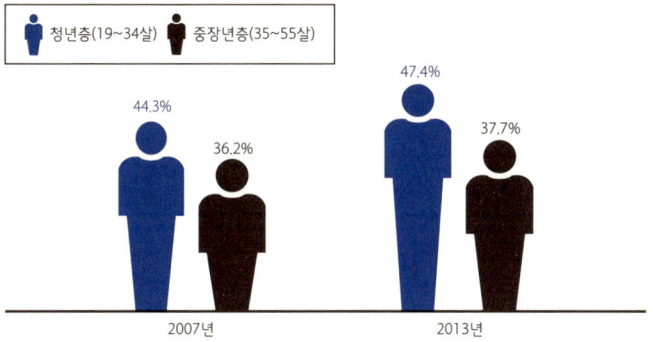

그림❷ 근로빈곤 위기계층 비교 〈자료출처: 한국보건사회연구원〉

로 정의했다.

한국보건사회연구원은 청춘들이 가난한 이유로 취업난을 꼽았다. 여기에 구직에 성공해도 언제 잘릴지 모르는 불안정한 일자리 때문에 청년 빈곤이 더욱 심각해졌다고 분석한다. 연구원 측은 앞서 지난 2012년 조사에서도 청년층은 노인계층 다음으로 높은 빈곤율을 보이고 있다며, 주요 요인으로는 높아져가는 실업문제를 꼽았다. 이어 현재의 청년층은 과거의 청년들과 달리 취업의 어려움과 실업으로 힘든 생활을 겪고 있다고 설명한 바 있다.

취업문이 좁아지면서 가장 먼저 청년들의 발목을 잡는 것은 '학비'다. 매 학기 시작 전, 포털사이트의 실시간 검색어를 뜨겁게 달구는 단어가 있다. 바로 '한국장학재단'이다. 개강하기 전 장학금 신청기간 때마다 대학생들의 검색이 폭주하는 것이다. 한국장학재단이 실시간 검색어에 주기적으로 등장하기 시작한 것은 그리 오래되지 않았다. 국가장학금 추가 소식이 퍼지는 날이면 또 한차례 한국장학재단은 '유명인사'

가 된다. 수혜금액과 실제로 수령한 장학금의 차액을 돌려준다는 소문이 SNS 등을 통해 퍼지고, 대학생들은 실낱같은 희망으로 다시 한 번 한국장학재단을 검색해 들어간다. 국가장학금을 받지 못하고 부모에게 손을 벌리지 못하면 결국 학자금 대출을 신청하는 수밖에 없다. 사회에 나오지도 않은 청년들이 마이너스 출발대에 선 이유다.

취업포털 사람인이 2016년 1월 발표한 조사결과에 따르면 대졸자 10명 중 7명은 학자금 대출을 받은 경험을 가지고 있으며, 대출 금액은 평균 1,471만 원으로 집계됐다. 이들은 대출금과 이자를 갚기 위해 매달 평균 24만 원을 지출하고 있었지만, 이중 절반은 그마저도 갚지 못해 연체한 경험이 있다고 전했다. 학자금 대출로 개인회생 절차를 밟고 있는 청년들이 2015년 1,000여 명을 훌쩍 넘어섰다는 보도만 봐도 이는 심각한 문제다. 이 조사에서 학자금 대출의 족쇄를 끊어낸 이들은 졸업 후 빚을 모두 갚기까지 평균 3.5년이 소요됐다고 답했다[그림❸].

이를 2015년 기업이 생각하는 신입사원 적정연령(남성 평균 29세,

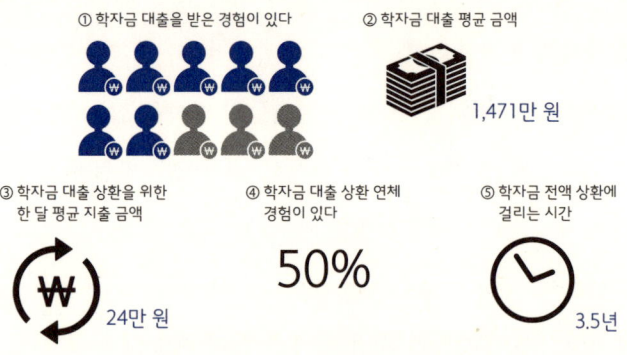

그림❸ 숫자로 본 학자금 대출 실태 (2016년 1월)
〈자료출처: 사람인〉

여성 27세)에 적용시켜보자. 취업을 해도 남성은 32.5세에, 여성은 30.5세에 학자금 대출을 모두 갚을 수 있다. 모두 결혼 적령기다. 결혼비용을 마련해야 하고, 사랑하는 사람과 함께 살 집이 필요한 시기란 말이다. 가전유통전문점 롯데하이마트는 2015년 전국의 결혼 예정자 500명을 대상으로 예상 결혼 비용을 물었다. 그 결과는 평균 1억 5,500만 원이었다. 금액 가운데 신혼집 마련 비용이 전체의 73.5%로 가장 많은 비중을 차지했다. 이어 예단·예물이 6%, 예식이 5.5%로 그 뒤를 이었다. 빚을 갚으면 다시 빚이다. 취업을 해도 빚의 고리를 끊기 어려운 배경이 바로 여기에 있다.

중견기업 2년 차 직장인 우성하 씨(29)는 1년 내에 결혼 계획을 갖고 있다. 현재 사귀고 있는 남자친구는 지난해 프러포즈를 했지만 28세의 준비된 결혼이란 잔류된 우주인이 화성에서 생존하는 것만큼이나 불가능한 일이라는 걸 직장생활 1년 차에 깨닫게 됐다. 두 사람에게는 각각 1,500만 원가량의 학자금 대출이 남아 있어 서로 소박하게 살림을 차리는 것으로 입을 모았다. 그런데 예식장이며, 전세며 기본적인 것만 알아봤는데도 비용은 2억 3,000만 원을 훌쩍 넘었다. 발품을 팔아 알아본 결혼식 비용은 3,000만 원. 여기에 직장이 있는 서울에서 집을 구하자니 전세금으로 2억 원이 필요했다. 남자친구 역시 부모님이 집을 마련해줄 만큼 넉넉한 집안의 도련님은 아니었다. 지극히 평범한 집의 아들과 딸이 만나 결국 전세자금도 대출로 귀결됐다. 나이를 먹으면서 빚도 함께 덩치를 불리는 기분이었다. 성하 씨는 "아기 낳은 뒤에는요?"라는 질문에 "아기는 꿈도 못 꿔요"라며 손사래를 쳤다.

성하 씨와 같은 청년들이 많아지면서 담보 없이 돈을 빌리는 신용대출 증가세가 눈에 띄었다. 통계청이 내놓은 〈2015년 가계금융복지조사〉를 살펴보면 2015년 20~30대를 중심으로 신용대출 규모가 큰 폭으로 늘어났다. 연령대별로 1년 새 신용대출 규모가 가장 크게 늘어난 것은 30대 미만(20대)이다. 20대는 291만 원에서 322만 원으로 10.6% 증가했다. 이어 50대와 30대 순이었다. 30대는 673만 원에서 722만 원으로 7.2% 뛰었다. 또 신용부채 용도별 비중을 보면 30세 미만의 경우 '전·월세 보증금'(41.2%), '생활비'(15.2%), '거주 주택 마련'(14.7%) 등으로 주로 주거 및 생계와 관련된 영역이 다른 연령대에 비해 높은 비중을 차지했다.

흙수저? 당신 부모는 못나지 않았다

지금은 수저 열풍이다. 청년과 관련된 이야기에는 어김없이 '수저'가 등장한다. 이야기 속에서 청년은 크게 '금수저'와 '흙수저'로 나뉜다. 수저를 이렇게 많이 들어본 것은 아마 배우 황정민이 2005년 청룡영화제에서 남우주연상을 수상하고, '잘 차려진 밥상에 숟가락을 올려놓았을 뿐'이라는 인상 깊은 수상 소감을 밝힌 이후 10여 년 만인 것 같다. 마이너스 출발선에 서서, 취업난에 허덕이고 있는 청년들은 넉넉한 통장을 쥐고 쉽게 취업한 또래를 보며 자조 섞인 분노에 차 있다. 본인이 처한 상황에 대한 답답함과 지름길을 가는 이들에 대한 부러움은 분노로 표현됐다. 분노하는 청년과 부러움의 대상을 각각 가리키는 말이 바로 흙수저와 금수저다. 일종의 '수저계급론'인 셈이다. 계급이 대물림되듯 경제적인 상황도 부모에게서 대물림됐다고 청년들은 말한다.

취업포털 사람인이 2015년 구직자 1,100여 명을 대상으로 조사한 결

항목	비율
기타	19.3%
부모님의 불화 등 가정환경이 좋지 않아서	21.0%
취업 후에도 빚을 걱정해야 할 처지라서	29.6%
돈 걱정에 학업에 집중하지 못해서	29.6%
연로한 부모님의 노후대비가 부족해서	31.3%
부모님의 금전적 뒷바라지를 못 받아서	43.4%
생활비조차 스스로 충당해야 해서	43.6%

표⑫ 흙수저에 속한다고 생각하는 이유 〈자료출처: 사람인〉

과, 10명 중 6명은 본인이 흙수저라고 답했다. 금수저라고 응답한 비율보다 24배 더 높았다. 본인이 흙수저에 속한다고 생각하는 이유로는 '생활비조차 스스로 충당해야 해서'라는 답이 가장 많았다. 다음으로 '부모의 금전적 뒷바라지를 못 받아서', '연로한 부모의 노후대비가 부족해서' 등이 뒤를 이었다[표⑫]. 이를 종합해보면 흙수저인 이유는 딱 한 가지, 그들의 부모 때문이다. 열심히 살고 있는데도 빚을 진 청년들에게는 책임을 물을 대상이 필요했는데, 그 대상이 부모가 된 것이다.

당신의 부모는 못나지 않았다. 엄밀히 말해서 낳아주고, 키워주고 부모는 그 역할을 다했다. 부모에게는 성인이 된 자녀의 생활비를 마련하고 취업 뒷바라지를 해줄 의무가 없다. 사회로 나갈 나이가 된 자녀가 일자리를 구하지 못하고, 출가할 때가 된 성인들이 여전히 부모 집에 머물고 있어 5060세대는 힘이 든다. 바꿔 생각해보면 그들을 가난하게 만드는 것이 바로 2535세대 자녀들이다. 가계를 책임져야 하는 부담에서 벗어나지 못하고 있는 부모는 퇴직을 연장할 수 있는 한 연장하거나 퇴직 후 제2의 일자리를 찾는다. 취업 공고가 올라오는 한 사이트의 경우, 2015년 40대 이상의 방문자가 2년 전보다 80% 이상 급증했다고 한다. 특히, 같은 기간 60대 방문자는 무려 198% 많아졌다.

빚 부담을 안고 있는 것은 부모들도 마찬가지다. 2015년 60세 이상 가구의 빚 보유액은 평균 4,785만 원으로 전년 대비 8.6% 많아졌다. 이는 전 연령대 중에서 가장 높은 증가폭이다. 고령사회가 되면서 5060 부모세대는 할머니, 할아버지 역시 부양해야 하는 부담을 안고 산다. 문제는 이로 인해 5060세대뿐 아니라 7080세대가 받는 타격도 크다는 점이다. 국민연금공단에 따르면 2015년 조기노령연금 수령자는 다달이 증가, 8월 기준 46만 8,791명을 기록했다. 이는 전체 노령연금 수급자의 15.4%로, 2009년(8.6%) 대비 2배 가까이 늘었다. 조기노령연금은 10년 이상 보험료를 낸 사람이 소득이 없을 시 당겨 받을 수 있는 연금을 말한다. 미리 받으면 정상 연금의 최대 21%까지 적어질 수 있다. 그럼에도 불구하고 연금을 조기 수령하는 것은 지금 당장 쓸 돈이 없다는 이야기다. 길거리에서 폐지 줍는 노인은 7080세대의 생활고를 대변한다. 2535세대의 경제적 결핍이 그들의 부모, 조부모로 '역(逆)대물림' 되고 있다는 것이다.

청년 빈곤에 대해 연구한 한국사회보건연구원은 이와 관련, "청년 실업의 장기화는 청년층의 장기적인 미래계획, 현실적인 소득 상실을 가져온다. 이는 결국 본인과 가족의 빈곤 문제로 연결된다"고 꼬집은 바 있다. 청년들의 힘든 상황은 부모가 만든 것이 아니란 말이다. 부모의 어려운 경제적 상황을 자녀가 물려받는다는 수저계급론은 사실과는 그 내용이 많이 다르다. 물론 부모의 빚을 물려받아야 하거나 자녀가 어린 나이부터 가장의 역할을 해야 하는 경우도 있다. 그런데 여기서 말하는 흙수저 부모는 성인이 된 자녀의 생활비를 마련해주지 않고, 취업 뒷바라지를 안 해주는 5060세대다. 따져보면 그 반대다. 나이 든 자녀의 생활비까지 마련해야 하기 때문에, 취업학원이라도 보내줘야 하기 때문에 부모들은 가난해지고 있다.

탓하지 마라. 문제는 서른이 돼서도 독립하지 못하는 우리에게 있고, 우리의 잘못은 어려운 경제상황에 그 원인이 있다. 1997년 IMF 외환위기와 2003년 카드대란, 2008년 미국발 금융위기, 2010년 유럽발 재정위기 등을 이겨내고 가정을 지켜온 부모에게 "못났다"고 말할 수 있는 권리는 그 누구에게도 없다.

마이너스 출발선에 선 사회초년생들

금융전문가들은 흔히 빚을 두 가지 종류로 나눈다. '좋은 빚'과 '나쁜 빚'. 좋은 빚은 장기 투자를 위한 것으로 교육, 부동산 등을 위한 대출을 말한다. 반대로 나쁜 빚은 옷, 가방 등 단기적인 소비에 초점을 맞춘 대출을 일컫는다. 좋은 빚은 시간이 지나면 가치가 높아질 수 있지만 나쁜 빚은 손실이 돼 돌아온다는 것이 전문가들의 설명이다. 이를 청년들이 진 빚에 적용시켜보자. 청년들에게 '빚 족쇄'를 채우는 대표적인 대출이 학자금과 내 방 마련이다. 학자금 대출은 교육이고, 월세 등 내 방 마련은 엄연히 부동산에 포함된다. 종합해보면 모두 좋은 빚이라고 할 수 있다. 둘 다 좋은 빚인데 청년들의 어깨는 왜 이렇게 무거운 것일까. A은행 여의도 본점에서 일하고 있는 김성호 씨(35)는 은행 대출에 관한 인터뷰 말미에 이렇게 귀띔했다. "말이 좋은 빚이죠. 20대, 30대들에게 좋은 빚이 어디 있습니까. 다 부담이죠. 지금에서야 말이지만 대학을 장기적인 가치가 높아지는 교육의 장으로 생각한 청년이 얼마나 있을까요. 또 청년들이 사는 월세방이 오늘 몸 누일 곳이지 무슨 투자입니까. 청년들에게 좋은 빚이란 없습니다. 하루 빨리 갚는 게 좋은 '빛' 보는 길입니다."

　마이너스 출발대에 선 청춘들의 빚 족쇄는 언제쯤 끊길 수 있을까. 취업이 어려우니 청년의 주머니는 가볍고, 다 큰 성인 자녀들까지 먹여 살려야 하는 아버지의 지갑도 휑하다. 이러한 상황에서 청년들에게 대출은 어쩔 수 없이 받아들여야 하는 당면한 현실일 수 있다. 그렇다면 족쇄를 끊기는 힘들어도 그 무게를 줄일 수 있는 방법을 찾아야 한다. 적어도 본인이 갖고 있는 빚이 일으킬 수 있는 부작용을 파악하고 있어야 한다. 이것이 빚 부담을 줄일 수 있는 첫 번째 방법이다. 청년들의 빚이 어떻게 만들어지고 있는지에 대한 조사나 통계는 찾아보기 힘들지만 추정해볼 수는 있다. 앞에서 간단히 언급하고 넘어간 '2015년 부채 현황'을 다시 살펴보면, 20대와 30대가 특히 높은 증가세를 보인 항목은 신용대출 부문이었다. 신용대출 증가폭은 연령대별로 20대, 50대, 30대 순이었다. 담보로 내세울 것이 없으니 신용대출을 이용한 것이다. 담보 없이 돈을 빌릴 수 있는 금융권 서비스 가운데 2535세대들의 입에 자주 오르내리는 대출은 대표적인 신용대출 상품인 마이너스 통장과 흔히 사용하는 신용카드다.

　마이너스 통장부터 살펴보자. 괜찮은 일자리를 갖게 된 사회초년생들은 대부분 마이너스 통장 개설에 대한 유혹을 받는다. 특히 전문직 종사자, 공무원들은 은행들의 주요 타깃이다. 돈 떼일 위험도 덜하거니와 급여 이체, 카드 발급 등 여러 가지 부수상품으로 거래를 확대할 가능성이 높아지기 때문이다. 마이너스 통장은 묘한 매력이 있다. 분명 내

돈은 아닌데 내 돈 같은 착각이 들게 한다. 한도 내에서 필요할 때마다 꺼내 쓸 수 있어서다. 이 통장의 가장 큰 특징은 이자다. 일반 대출의 경우 정해진 기간 동안 대출금을 갖고 있어야 한다. 미리 갚으려면 수수료를 내야 하지만 마이너스 통장은 그렇지 않다. 본인이 돈을 쓴 날짜만큼의 이자만 내면 된다. 대신 일반 신용대출보다는 금리가 0.5~1.0%포인트 더 높다.

쓴 기간만큼만 이자를 부담하면 되는 장점 때문에 많은 청년들이 마이너스 통장에 손을 내밀지만 이 장점이 부메랑이 돼 돌아오기도 한다. '급할 때 꺼내 쓰고 얼른 갚으면 되지'란 생각이 이자폭탄으로 변하는 경우가 여기에 해당한다. 목돈을 다시 모으는 것도 힘들거니와 중간에 실직상태가 되거나, 또 급전이 필요한 일이 생기면 상황이 악화될 수 있다. 연체하면 부담은 더욱 커진다. 마이너스 통장의 경우 대출금을 갚지 않으면 이자가 복리로 계산된다. 예를 들어 금리 연 12%의 마이너스 통장에서 100만 원을 썼다고 치자. 월 기준으로 첫 달 1%, 1만 원의 이자가 붙고 두 번째 달에는 101만 원(대출금 100만 원+이자 1만 원)에 1%의 이자가 붙는 식으로 몸집을 불린다. 이로 인해 전문가들은 주기적으로 들어오는 수당으로 바로바로 빚을 없애야 한다고 입을 모은다.

사회초년생 이희주 씨(29)는 월세방 보증금을 마련하기 위해 마이너스 통장을 1,000만 원 한도로 약정했다. 직장인들이 많이 갖고 있는 통장이라는 것도 안심이 됐지만, 특히 1년 치 이상의 이자를 내야 하는 일반 대출보다 더 경제적이라고 판단했다. 이후 그녀는 이직을 위해 직장을 그만뒀고, 빚의 존재도 점점 잊혀져갔다. 대출금을 사용한 기간이 길어지면서 그녀는 15% 이상의 연체이자를 물어줘야 했다.

청년들의 빚 족쇄를 얽매는 또 다른 주범은 신용카드다. 지갑에 돈 한 푼 없이도 물건을 구입할 수 있고, 현금서비스로 돈을 빌릴 수도 있다. 많은 카드사들이 연체 이자율을 20%대로 책정하고 있다. 연체하면 대부업체 뺨 때리는 이자를 물어줘야 한다. 많은 사회초년생들이 은행에서 가장 먼저 하는 일은 급여통장과 신용카드를 개설하는 일이다. 전문가들은 이런 청년들에게 "신용카드를 최소한으로 줄이라"고 말한다. 또 빚 부담을 갖고 있다면 신용카드보단 체크카드 사용을 권장했다. 신용카드를 여러 개 사용하면 매달 지출 내역을 파악하기가 어려워진다는 게 전문가들의 설명이다. 또 신용카드는 외상을 하는 것과 마찬가지이기 때문에 빚을 줄이려면 감당 가능한 수준에서 지출할 수 있는 체크카드를 사용하라고 입을 모았다.

담보 없이 신용으로 돈을 빌릴 수 있는 신용사회에서 스스로의 신용은 그대로 돈이 된다. 연체하면 신용등급에 안 좋은 영향을 미칠 수 있고, 신용등급이 하락하면 대출한도에 제약이 붙는다. 게다가 이자율은 더 높아진다. 빚은 빨리 갚아야 한다. 학자금 대출이든, 월세 보증금이든 빚을 질 수밖에 없는 상황에 처한 청년들이 많다. 대출을 받는 것은 어쩔 수 없다고 쳐도 일단 빚을 지면 없애려는 노력이 뒤따라야 한다. 흔한 말 같지만 최선의 방법이다.

말년의 삶은
지금 결정된다

노후까지 드리워진 빈곤의 그늘

인터넷에서 많은 사람들이 공유하고 있는 글이 있다. 호서대학교 설립자 고(故) 강석규 총장이 95세 생일을 맞아 쓴 수기의 내용은 이렇다.

나는 젊었을 때 정말 열심히 일했습니다. 그 결과, 나는 실력을 인정받았고 존경을 받았습니다. 그 덕에 65세에 당당한 은퇴를 할 수 있었죠. 그런 내가 30년 후인 95살 생일 때 얼마나 후회의 눈물을 흘렸는지 모릅니다. 내 65년의 생애는 자랑스럽고 떳떳했지만 이후 30년의 삶은 부끄럽고 후회되고 비통한 삶이었습니다. 나는 퇴직 후 '이제 다 살았다. 남은 인생은 그냥 덤이다'라는 생각으로 그저 고통 없이 죽기만을 기다렸습니다. 덧없고 희망이 없는 삶. 그런 삶을 무려 30년이나 살았습니다. 30년의 시간은 지금 내 나이 95세로 보면 3분의 1에 해당하는 기나긴 시간입니다. 만일 내가 퇴직을 할 때 앞으로 30년을 더 살 수 있다고 생각했다면 난 정말 그렇게 살지는 않았을 것입니다. 그때 '나 스스로가 늙었다고, 뭔가를 시작하기엔 늦었다'고 생각했던 것이 큰 잘못이었습니다. 나는 지금 95살이지만 정신이 또렷합니다. 앞으로 10년, 20년을 더 살지 모릅니다. 이제 나는 하고 싶었던 어학공부를 시작하려 합니다. 그 이유는 단 한 가지. 10년 후 맞이하게 될 105번째 생일 날 95살 때 왜 아무것도 시작하지 않았는지 후회하지 않기 위해서입니다.

이 글을 읽으면서 자신의 노후를 떠올렸다면 그걸로 이번 장의 절반은 성공이다. 바야흐로 '100세 시대'다. 평균수명이 80세를 웃돌고, 이제 100세를 준비해야 하는 시대가 왔다. 그러나 95세의 노인이 그랬듯 자신의 노후를 걱정하는 2535세대가 몇이나 있을까. 취업도 하기 전에 빚 부담을 어깨에 짊어지고 있는 마당에 먼 미래에 대한 고민은 사치스럽게 느껴질 수도 있다. 이런 이야기를 꺼내기도 미안하지만 지금부터 노후를 준비하지 않는다면 현재보다 끔찍한 미래가 당신을 맞이할 것이다.

그 이유는 앞에 이미 힌트를 줬다. 청년들의 빚은 부모로, 조부모로 역대물림되고 있다. 저성장 기조가 장기간 지속될 것을 감안하면, 현재의 청년들이 조부모가 됐을 때 이 역대물림 현상은 더욱 악화될 가능성이 높다. 그리고 빚은 나이를 먹을수록 덩치를 키우는 경우가 많기 때문에 최소한의 준비라도 해놓지 않는다면 길거리에서 폐지 줍는 노인은 향후 당신의 모습이 될 수 있다. 미래에 대한 적극적인 투자를 이야기하는 것이 아니다. 취업 후 월급의 10~20% 정도만 안락한 노후를 위해 투자하라는 것이다.

고령화 시대에 진입하면서 '장수리스크'란 말이 등장했다. 장수리스크는 오래 살게 돼 생기는 위험을 말한다. 원래 장수는 축복이었다. 그런데 왜 오래 사는 게 위험 요소가 됐을까. 은퇴 이후의 계획을 세워놓지 않은 상태에서 노후를 맞게 됐기 때문이다. 금융 전문가들은 이와 관련해 "노후생활을 위한 자산관리는 50~60대에 시작해서는 너무 늦다. 이 연령대는 사정에 맞춰 사는 길을 찾는 방법밖에 없다. 제대로 관리하기 위해서는 20~30대에 취업과 함께 시작해야 한다"고 당부한다.

지금 알아두어야 할 노후 안전장치, '3층연금'

2015년 국민연금공단 산하 국민연금연구원이 내놓은 〈중·고령자 경제생활 및 노후준비 실태〉 연구보고서에 따르면 노후에 필요한 최소 월 생활비는 부부 기준 159만 9,100원, 개인 기준 98만 8,700원으로 나타났다. 적정 노후생활비는 부부 기준 224만 9,600원, 개인 기준 142만 1,900원이었다. 은퇴 후 뚜렷한 수입원이 없는 상태에서 생활비를 마련하는 방법에는 무엇이 있을까?

노후를 위한 최소한의 안전장치는 '3층 연금'이다. 3층 연금은 국민연금, 퇴직연금, 개인연금을 가리킨다. 많은 전문가들은 노후 대비의 답이 여기에 있다고 말한다. 3층탑으로 쌓인 연금을 통해 노후 생계비를 마련할 수 있다는 것이다. 그러므로 3층 연금에 해당하는 세 가지에 대해 지금부터 잘 파악하고 챙겨야 할 필요가 있다.

먼저, 국민연금을 살펴보자. 직장에 다니고 있는 사람들은 이미 월급의 일부를 국민연금에 저축하고 있다. 국민연금은 특수직 종사자를 제

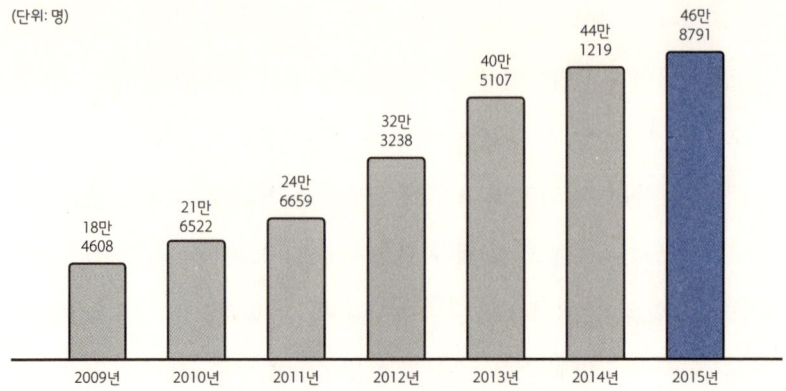

표⓭ 국민연금 조기수령자 수 (2015년 8월 기준)
〈자료출처: 국민연금공단〉

외하고 소득이 있는 국민이라면 의무적으로 가입해야 하는 연금이기 때문이다. 매달 소득의 9%를 국민연금 보험료로 납부한다. 이 중 근로자가 부담하는 비율은 4.5%. 나머지 4.5%는 회사가 보탠다. 의무가입 기간은 만 60세까지다. 이렇게 정년까지 보험료를 내면 65세(1969년 이후 출생자)부터 연금을 받을 수 있다. 65세 이전에 자금이 필요한 경우 최장 5년 먼저 연금을 수령할 수도 있다. 앞서 언급했던 '조기노령연금'이 바로 그것이다[표⓭]. 단, 조기노령연금을 신청할 때는 신중해야 한다. 1년 앞당길 때마다 연금액이 6%씩 줄어들기 때문이다. 국민연금 납부 내역과 미래에 어느 정도의 연금을 받을 수 있는지 등은 '국민연금노후준비서비스 홈페이지(http://csa.nps.or.kr)'에서 조회 가능하다.

다음으로, 퇴직연금이 있다. 퇴직금은 열심히 일한 당신에게 회사가 마지막으로 주는 선물이다. 모든 회사는 1년 이상 근속한 근로자에게 퇴직금을 지급해야 한다. 1년 근무할 때마다 약 한 달 치 월급에 해당하는 금액이 쌓인다고 생각하면 된다. 그런데 회사 사정이 악화돼 퇴직금을 받지 못하는 경우가 발생하거나 목돈이 필요한 곳에 한꺼번에 쓰는 사례가 많았다. 이러한 퇴직금을 노후 대비용으로, 안정적으로 지급하기 위해 퇴직연금 형태로 바꿔나가고 있다.

퇴직연금은 회사가 관리하던 퇴직금을 금융기관에 맡겨 운용하는 제도다. 퇴직연금에 가입한 회사는 퇴직금을 근로자의 선택에 따라 55세 이후 연금이나 일시금 형태로 지급한다. 퇴직연금을 다룰 때 근로자들이 가장 궁금해하는 부분은 어떤 제도를 선택해야 하는지다. 퇴직연금제도는 크게 확정급여형(DB)과 확정기여형(DC)으로 나뉜다. '짜장이냐, 짬뽕이냐'만큼 어려운 문제가 DB형과 DC형 중 무엇이 더 유리한지를 따져보는 것이다.

먼저 DB형은 회사가 금융기관에 퇴직금을 맡긴 후 성과가 있으면 회사로 수익이 돌아가는 구조다. 근로자는 퇴직 시 회사 기준에 따라 퇴직금을 받으면 된다. 퇴직금을 안전하게 받을 수 있고, 본인이 따로 신경 쓸 필요가 없다는 게 장점으로 꼽힌다. 안전성을 중요하게 생각하거나 투자가 어려운 근로자들에게 적합한 제도다. DC형의 경우, 근로자의 책임이 따른다. 회사가 해마다 퇴직금을 산정해 근로자에게 지급한다. 퇴직금을 운영하는 주체가 근로자인 것이다. 잘 투자해서 성과가 나면 근로자가 수익을 가져갈 수 있지만 그만큼 부담이 될 수도 있다. 투자에 관심이 많거나 적극적으로 운용하고 싶은 사람들은 DB형보다 DC형이 더 맞는다.

퇴직연금 시장을 주도하는 것은 DB형이다. DB형과 DC형의 시장점유율은 각각 7대 3 정도다. 그러나 최근 임금피크제가 확산되면서 DC형을 택하는 곳이 급속도로 늘고 있다. 임금피크제는 정년을 늘리는 대신 일정 연령이 되면 임금을 삭감하는 정책이다. 정년에 가까워질수록 퇴직금이 줄어들기 때문에 중간 중간에 정산하는 DC형이 더 유리하다. 저금리 기조가 장기화되고 있는 것도 DC형으로 돌아서는 이유 중 하나다. 투자처를 다양화해 수익률을 높이려는 움직임이 나타나고 있기 때문이다. 전문가들은 향후 DC형이 DB형을 제칠 수 있다고 전망한다.

퇴직연금제도 중에선 근로자가 스스로 노후 대비를 할 수 있는 개인형 퇴직연금제도(IRP)도 있다. 아직까지 DB형과 DC형에 비해 존재감이 크진 않지만 세제혜택 등의 장점으로 관심이 높아지고 있는 추세다.

마지막으로 알아볼 것은 개인연금이다. 노후생활에 대한 준비는 생각도 못했는데 국민연금과 퇴직연금이 쌓이고 있다니, 갑자기 노후생활을 뒷바라지해줄 효자가 생긴 것 같이 든든할 것이다. 그런데 이 효자의 역할은 기대에 미치지 못한다. 삼성생명 은퇴연구소가 발간한 〈개인연금, 얼마나 들어야 할까〉란 보고서에 따르면 월평균 소득 300만 원인 35세 남자가 안정적인 노후생활을 하기 위한 목표 연금소득은 월 333만 원이다. 국민연금 예상수령액은 185만 원이고, 퇴직연금 예상액은 68만 원이다. 80만 원이 모자란다[그림❹]. 국민연금과 퇴직연금으로 노후생활을 준비하기에는 부족함이 있다.

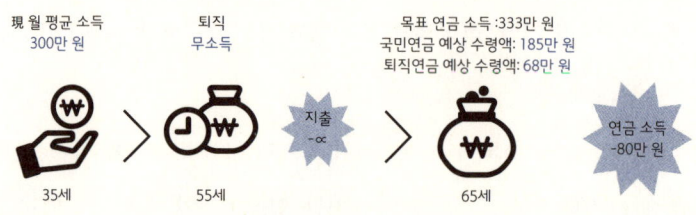

그림❹ 개인연금, 얼마나 들어야 할까
〈자료출처: 삼성생명 은퇴연구소〉

또 현재 직장인이 퇴직하는 평균 나이는 55세인데 국민연금은 65세부터 받을 수 있다. 10년의 공백기가 생긴다. 퇴직 후부터 국민연금 수령 시기 사이에 빈틈을 메울 수 있는 게 바로 개인연금이다. 국민연금은 의무 가입이고, 퇴직연금은 대부분의 회사가 DB형으로 운용하고 있다. 온전히 본인의 의지로 운영할 수 있는 것은 개인연금뿐인 셈이다. 본인의 선택, 개인연금 가입 여부에 따라 노후생활이 달라질 수 있다는 이야기다.

개인연금에는 자산운용사가 운용하는 연금저축펀드, 은행의 연금저축신탁, 보험사의 연금저축보험 등이 있다[표⑭]. 이들 상품은 운용방식과 안정성 등에 차이가 있다. 본인에게 맞는 상품을 찾아서 가입하면 된다. 먼저 연금저축펀드는 금융기관의 운용 실적에 따라 높은 수익을 기대해볼 수 있지만 주의해야 할 점은 원금 보장이 안 된다는 것이다. 연금저축신탁의 경우 수익률은 낮지만 원금을 보장해주기 때문에 안정적인 상품으로 손꼽힌다. 다만, 정부는 2016년 1분기 중 연금저축신탁 가운데 원리금 보장형 상품의 신규 가입을 제한하기로 했다. 기존 가입자의 추가 납입은 가능하다. 국민의 노후를 책임져야 할 해당 상품이 충분한 수익률을 올리지 못하고 있다는 것이 정부의 판단이다.

	연금저축신탁	연금저축보험	연금저축펀드
운용 주체	은행	보험	자산운용
상품 종류	채권형 · 안정형	변동금리형	주식형 · 혼합형 · 채권형
원리금	보장	보장	비보장
중도 해지시 원금	보장	사업비로 인한 손실 가능성 있음	비보장

표⑭ 개인연금 상품별 특징

연금저축보험은 정해진 기간에 일정한 금액을 납입해야 하는 상품이다. 연간 1,800만 원 한도 내에서 납입하고 싶은 만큼 내는 펀드 및 신탁과는 차이가 있다. 이율은 은행의 금리에 해당하는 보험사의 공시이율에 따르기 때문에 저금리 시대에 높은 수익률을 기대하기는 어렵다. 다만 원금 손실에 대한 우려가 없다. 안정성과 수익성을 모두 기대하기는 힘든 셈이다. 전체 개인연금에서 사람들이 가장 많이 선택하는 것은 연금저축보험이다. 점유율은 약 80% 수준으로, 대부분 '안전성'에 한 표를 던지는 것이다. 이어 연금저축신탁은 14%, 연금저축펀드는 6% 수준이다. '상품들의 장점만 합칠 수 없을까' 고민하는 이들에게 일부 전문가들은 "연금을 납입하는 기간에는 연금저축펀드를 이용해 수익률을 높이고, 연금을 수령하는 시기에는 연금저축보험으로 갈아타 안정적으로 생활비를 받는 전략도 고려할 수 있다"고 조언한다.

그렇다면 개인연금에는 얼마씩 납입해야 할까. 본인의 국민연금 및 퇴직연금 수령액을 계산해본 후 결정하는 것이 좋다. 각자가 생각하는 노후 적정 생활비가 다를 수 있기 때문이다. 이와 관련해 삼성생명 은퇴연구소는 현재 소득의 20% 정도를 개인연금으로 납입하는 것이 좋다고 설명한다. 그리고 되도록 빨리 가입할 것을 권고한다. 30세인 직장인이 개인연금에 가입한 경우와 10년 뒤인 40세에 붓기 시작한 경우에는 큰 차이가 있다. 같은 연금 소득액을 받으려면 40세에는 납입해야 하는 금액이 약 33% 증가하게 된다. 현재 소득이 낮아도 적은 금액으로 시작해 점차 납입액을 늘려가는 방법을 택할 수 있다고 연구소 측은 덧붙였다.

아프니까, 보험이다

잠시 개인적인 이야기를 꺼내자면, 어렸을 때부터 할머니에 대한 애착이 강했다. 할머니 손에 자란 것도 아닌데 할머니는 각별한 존재다. 마치 연인 사이처럼 힘든 사회생활을 털어놓으면 할머니는 위로해주고, 서로의 식사메뉴를 궁금해한다. 키 150센티미터의 할머니는 170 가까이 되는 손녀를 올려다보며 "내 강아지"라 부르고, 서른 살을 훌쩍 넘긴 손녀는 할머니 앞에서 어리광을 부린다. 부모만큼 든든한 안식처가 할머니의 품이었다.

그런데 얼마 전 할머니가 집에서 어지럼증을 호소하다 쓰러진 일이 있었다. 당시 할머니가 입원한 병실에서 느꼈던 감정을 아직도 떨칠 수가 없다. 하얀 병실 침대에 누워 있는 할머니는 낯설고 어색했다. 더 이상 든든한 안식처가 아닌, 지켜줘야 할 대상이 됐다. 마냥 커 보이던 할머니가 점점 작아 보이기 시작했다. 전화통화에서 "아프다"는 이야기가 자주 나왔고, 명절이면 먹었던 할머니표 식혜와 인절미는 사라졌다. 85세인 할머니를 그제야 '노인'이라고 느꼈으니 스스로도 철이 없다고 생각했다.

노인들의 건강 악화는 이렇게 갑자기 시작된다. 손주에게 먹이겠다고 항상 바쁘게 움직이던 할머니가 한순간 생기를 잃은 것처럼 말이다. 실제 생애 의료비 중 절반 이상이 65세 이후에 발생한다. 한국보건산업진흥원에 따르면 65세 이후 의료비로 남성은 5,137만 원(생애 의료비의 50.5%), 여성은 6,841만 원(55.5%)을 지출하고 있는 것으로 나타났다. 이러한 양상은 앞으로도 계속될 것으로 보인다. 2015년 9월 한국보건사회연구원 선우덕 박사는 '헬시 에이징 포럼(Healthy Ageing

Forum)'을 통해 '헬시 에이징 인덱스'를 발표했다. 헬시 에이징은 신체적·사회적·정신적으로 건강하게 나이 드는 정도를 뜻한다. 한국의 헬시 에이징 순위는 OECD 회원국 29개 나라 중 25위로, 하위권에 속했다. 한국인은 건강하게 고령화 시대를 맞고 있지 않다는 의미이다.

노후생활에서 의료비는 큰 부담이다. 자식들이 곁에서 의료비를 내주고 간병해줄 수 있다면 다행이지만, 그렇지 않은 노인들의 상황은 심각하다. 노인 10명 중 4명 이상은 경제적인 부담으로 아파도 병원을 찾지 않는다는 조사결과부터 막다른 처지에 몰려 고독사하는 사례까지 의료비가 없는 노후생활은 외줄타기를 하는 것과 같이 아슬아슬하다. 매달 지출하는 생활비는 연금으로 어떻게든 충당한다고 해도 의료비는 언제, 어떻게 아플지 예상할 수 없어 사전에 준비하기도 어렵다. 갑자기 큰 병을 앓게 됐을 때 그 비용을 어떻게 마련할 것인가에 대한 답은 '보험'에 있다.

보험은 노년에 힘을 발한다

상해보험, 암보험, 건강보험, 종신보험, 의료실비보험, 연금보험, 변액연금보험, 변액유니버셜보험 등 보험의 종류는 셀 수 없이 많다. 만기환급금, 납입만기, 중간해지 절차 등 보험설계서에 담긴 내용도 어렵다. 게다가 보험은 아플 경우를 대비해 가입하는 상품으로 인식하고 있어 건강한 2535세대 청년층이 적극적으로 관심을 갖기 힘들다. 그렇지만 노후대비 목록에서 보험은 빠질 수 없는 준비물이다.

보험은 크게 '보장성 보험'과 '저축성 보험'으로 나눌 수 있다. 보장성 보험은 아플 때 보험회사와 약속한 금액을 받을 수 있는 상품이다. 저축성 보험은 적금이나 투자를 통해 돈을 불려가는 보험을 말한다. 사실 저축성 보험도 노후생활을 위한 자금 마련용으로 고려해볼 수 있는 상품이지만 여기서는 보장성 보험에 좀 더 중점을 두고 살펴보고자 한다. 노후에 몸이 약해진 자신에게 직접적인 도움을 줄 수 있는 것이 이 보장성 보험이기 때문이다. 보험업계 전문가들은 이렇게 이야기한다. "보장성 보험도 재테크 수단입니다. 향후 내가 아플 때 내야 할 병원비를 지원해주는 상품, 즉 잠재된 위험을 위한 재테크가 될 수 있다는 말입니다. 그리고 많은 사람들이 보험을 어렵다고 생각하는데 그 안을 들여다보면 그렇지 않습니다. 향후 계획을 세우고, 본인에게 맞는 보장성 보험을 택한다면 보험 재테크의 절반은 성공한 것입니다."

보장성 보험은 '정액보상보험'과 '실손보상보험'으로 나뉜다. 정액보상보험은 특정 질병에 걸리면 가입할 때 약속한 금액만큼 보험금을 지급하는 상품이다. 예를 들어 2016년에 '암 진단금 5,000만 원'을 주기로 한 보험에 가입했다고 가정해보자. 2050년 암이 발병했을 때 보험사로부터 5,000만 원을 보장받을 수 있다. 한 번에 큰돈을 받을 수 있다는 장점이 있지만 화폐가치 하락으로 치료비가 부족할 가능성도 있다. 이에 반해 실손보상보험은 일정 한도 내에서 실제 발생한 의료비를 지급한다. 의료비 1,000만 원 한도 내에서 손해액 90%를 보장한다고 하면 900만 원까지는 의료비에 대한 부담을 떨칠 수 있는 셈이다. 실손보상보험의 경우 대부분 일정 기간마다 보험료를 다시 산출해 계약하는 갱신형이다. 갱신할 때마다 보험료가 올라갈 가능성도 있다. 정액보상보험은 여러 개를 가입하면 질병 발병 시 중복해서 보험료를 받을 수 있지만 실손보상보험은 중복 보장이 되지 않는다. 즉, 실손보상보험은 하나만 가입하면 된다.

원하는 보험 종류를 정하면 적절한 보험료와 특약을 선택해야 한다. 여기서 중요하게 짚고 넘어가야 할 점은 보장성 보험은 최악의 상황을 막아줄 안전장치용이지 목돈을 만들려고 가입하는 것이 아니라는 사실이다. 그러므로 월 보험료도 월급의 10% 이내여야 한다고 전문가들은 말한다. 보험료와 관련, 청년들이 흔히 착각하는 것이 있다. 월 10만 원씩 20년 납부해야 하는 보험이 있다고 치자. 월 10만 원씩 나가기 때문에 10만 원짜리 보험이라고 생각한다. 그렇지만 20년간 납부해야 하는 보험료는 총 2,400만 원이다. 2,400만 원짜리 차를 살 때는 꼼꼼히 따져보면서, 보험은 너무 쉽게 선택하는 경향이 있다. 적어도 보험에 가입할 때는 내 차를 사는 것처럼 비교해 봐야 한다는 말이다.

보험료를 따지는 것만큼 중요한 것이 자신에게 맞는 특약을 택하는 것이다. 특약은 그야말로 특별한 조건이다. 대개 보험회사가 계약에 담보되지 않는 위험을 추가로 보장해주는 것을 일컫는다. 보장성 보험에 가입할 때는 각종 특약을 꼼꼼히 살펴보고 자신에게 맞는 보험을 선택해야 한다. 그런데 말이 쉽지, 자신이 어떤 병에 걸릴지 어떻게 알 수 있을까. 먼저 개인의 성향과 가족력을 고려해야 한다. 평소 위장이 약하다든지, 직계가족과 친척 중에 암 환자가 있다든지. 이런 요소들을 특약 결정 시 가장 먼저 반영돼야 한다. 그래도 어떤 특약을 선택해야 할지 고민된다면 주변에서 많이 들을 수 있는 사망 원인을 꼽는 것이 유리하다. 참고로 한국인의 3대 사망 원인 중 1위는 암이다. 이어 심장질환과 뇌혈관질환이 각각 2위, 3위를 차지한다.

그리고 이 보험업계에서는 나이를 계산하는 방식이 독특하다. 보험

가입 시, 생일을 기준으로 앞뒤 6개월을 더해 1년의 기준을 계산한다. 예를 들어 9월 14일이 생일인 사람이 같은 해 3월 15일에 보험에 가입하면 3월 14일에 가입한 사람보다 손해를 보게 되는 셈이다. 2015년 9월 14일 지난해 생일을 기준으로 6개월 이전인 2015년 3월 14일부터 6개월 후인 2016년 3월 14일까지를 1년으로 친다. 2016년 3월 15일에는 한 살 더 먹게 되는 것이다.

보험 시장에서 나이는 곧 돈이다. 젊고 건강할수록 유리한 것이 보험의 세계다. 나이가 많을수록 질병 발병의 위험이 커지면서 보험료도 올라간다. 보험은 젊고 건강한 청년들에게 손을 내밀지만 막상 이 손을 잡는 이들은 많지 않다. 당장 필요성을 느끼지 못해서다. 나이를 먹고 몸이 '안 좋다'는 신호를 보내면 보험을 찾게 되지만 그때는 나를 향해 내밀었던 손이 사라진 후다.

3장.
삶포세대의 최소한의 경제 방어

연애, 출산, 결혼을 포기한 3포 세대?
이제는 제대로 된 삶을 영위하기도 힘든 '삶포 세대'다.
살 곳도, 살 돈도 없다.
제 몸 하나 건사하기 힘든 청년들에게 사랑은 사치다.
어렵게 들어간 직장에서 받는 월급으로
삶포 세대의 딱지를 떼기란 쉽지 않다.
10~20년 후의 삶을 지켜줄,
최소한의 경제 방어의 길을 모색해본다.

이제는 너무나 당연한 '월세살이'

계단 하나 변하지 않은 7년

이 글을 쓴 우리 두 사람 중 한 명의 추억을 꺼내볼까 한다. (이야기를 하는 동안만 잠시 '나'라는 화자를 빌리겠다.)

대학교 2학년 신촌의 한 토익학원에서 지금의 신랑을 처음 만났다. 그때 신랑은 같은 반 조교를 하면서 수강료를 할인받고 있었고, 나는 맨 뒷줄에 앉아서 땡땡이를 치던 학생이었다. 서먹하던 우리가 가까워진 계기는 그가 새로운 집으로 이사했다며 집들이에 초대했을 때였다. 내게 무엇이 먹고 싶으냐며 본인이 직접 그 음식을 해주겠다고 했을 때 묘한 '썸'의 기운이 느껴지기도 했다. 그때 나의 머릿속에서는 적절한 재료 비용과 요리수준 등을 고려한 메뉴를 빠른 시간 내에 정렬했고, 그중 떡볶이를 골랐다. 이후 같은 반 친구 두 명과 함께 그의 집에 갔다.

침대 하나, 책상 하나가 단출하게 놓여 있는 것만으로도 여유가 없는 방이었다. 방 안에 우리들이 동그랗게 앉을 만한 공간은 절대 나올 수 없어 보였다. 집주인인 그와 내가 방바닥에(행거 위에 걸린 옷들이 자꾸 내 머리를 쳤다), 다른 두 명은 침대 위에 걸터앉았다. 그리고 곧 그는 떡볶이와 치킨, 맥주를 꺼내 왔다. 떡볶이는 금색 양은냄비에 담겨 있었는데 누가 봐도 사 온 떡볶이였다. 부엌이라고 할 만한 곳도 없었기에 '얘는 뭘 믿고 음식을 해준다고 한 거지…….' 하는 생각이 들었다. 침대와 세 뼘 사이에 두고 위치해 있던 화장실은 볼일 보는 소리가 울려 퍼지기에 매우 적합한 곳이었다.

그리고 7년 후 그와 나는 부부가 됐다. 주말 데이트를 즐기던 날, 신랑은 문득 '그때 그 집'을 한번 가보자고 제안했다. "그래, 좋아!" 손을 잡고 대로변을 지나 구석구석 골목길을 찾아들었다. 여기가 맞나 싶을 정도로 외진 곳이었다. 그러고도 한참을 위로, 위로. 거기에서도 투박하게 쌓인 시멘트 계단을 올라가야 보이는 집이었다. 아니, 집이라고 하기도 어려웠다. 활짝 열려 있는 첫 번째 문 안으로 여러 개의 방이 있었고, 그 방 중 하나가 '그때 그 집'이었다. 둘은 동시에 웃음도, 탄식도 아닌 소리를 내뱉었다. "내가 저기에서 살았다고?" "그때 집들이했던 공간이 저기였다고?" "참, 내가 어떻게 여기에서 살았지?" "난 뭐가 좋다고 이 집에 졸래졸래 따라왔지?" 둘의 대화가 한참을 오갔다.

그런데 방 한쪽에서 한 청년이 문을 열고 나왔다. 청년은 청바지에 티셔츠를 입고, 무거워 보이는 검정색 백팩을 메고 있었다. 우리가 말하는 '그때 그 집'이 그에게는 과거형이 아니었다. 아직도 누군가에겐 현재진행형이었다. 그 청년에게 꼰대라도 된 것마냥, "그때는 우리가 열악한 환경의 방에서 살았단다"라고 말할 수 있었다면 좋으련만. 월세방의 7년은 어째 '금수강산'은 커녕 '계단' 하나 변하지 않은 채 멈춰 있었다.

사실 우리 부부는 운이 좋았다. 대학 졸업 후 취업하기까지 1~2년간의 시간이 필요하긴 했지만 어쨌든 괜찮은 직장에서 일을 시작했다. 덕분에 결혼식을 올린 뒤 서울 강북지역에 전셋집을 구해서 신혼살림을 차렸다. 둘 다 여유로운 상황은 아니었기 때문에 전세금의 절반은 대출을 받았지만 이 정도면 훌륭한 출발이었다. 월세방에서의 생활을 잊어버릴 만큼. 그렇게 7년이라는 시간이 흘러가는 동안 막연히 '조금은 더 나아졌겠지'라고 생각했다. 그러나 2535세대 청년들에게 월세방은 평생 벗어나기 어려운 현실이 되어버리고 말았다.

청년들에게 허락되지 않은 그것, '내 집'

부모님의 흔한 결혼생활 레퍼토리 중 하나는 단칸방 신혼 이야기다. 코딱지만 한 월세방에서 신혼살림을 차리고 살다가, 1~2년 후 아이가 생기면 거실이 있는 전셋집으로 이사를 간다. 자녀가 한 명 더 생기고, 이들이 학교에 들어갈 즈음 모아둔 돈을 투자해 내 집 마련에 성공한 그 이야기 말이다. 5060세대, 우리 부모님들에게는 아주 흔한 스토리다. 월급을 성실히 모으면 내 집을 마련할 수 있는 시대였기에 가능한 이야기였다. 주택시장 진입은 '가구원 → 분가 및 결혼 등 가계 형성 → 자·차가 점유 → 자녀 출산 및 소득증가 → 주거이동 필요성 증대 → 교체수요 발생 → 주거규모 확대 → 신규 및 재고 주택공급 확대 → 주택시장 균형'(국토연구원 보고서 참고)으로 자연스럽게 이어져왔다. 그러나 이 주택시장 고리는 현재 제 기능을 하지 못하고 있다. 고리를 끊어놓은 장본인은 청년들이다. 취업난과 불안정한 일자리로 소득은 적은데 집값은 날로 치솟으니, 주택시장에 진입하기란 여간 어려운 일이 아니다.

2015년 12월 말 기준 서울 지역 아파트 평균 전세가격은 3억 7,800만 원으로 1년 만에 5,936만 원이나 급등했다. 같은 기간 서울 아파트 평균 매매가격은 3,298만 원가량 오른 5억 2,475만 원을 기록했다. 전셋값은 통계 집계를 시작한 2011년 이후, 매매가는 2008년 글로벌 금융위기 이래 가장 많이 올랐다. 특히 전세의 경우, 매매가 상승분의 2배 가까이 뛰었다. 분가를 앞둔 청년들 가운데 3억~5억 원이 넘는 아파트에 들어가 살 여력이 있는 이들이 얼마나 될까. 대출을 염두에 둔다고 해도 이미 빚을 지고 있는 청년들에게 또 다른 대출금은 너무 무겁다.

실제 국토연구원이 2015년 말에 발표한 〈저성장시대 청년층 주거안정을 위한 정책방안 연구〉에 따르면, 2000년 약 1,431만 명이었던 전체 가구는 2010년 1,734만 명으로 약 300만 가구가 증가했지만, 정작 청년층 가구는 감소한 것으로 나타났다. 전체 가구에서 청년층 가구의 비중이 점점 작아지고 있는 것이다. 청년층 가구는 2000년 479만 가구(전체의 33.5%)에서 2010년 429만 가구로 약 50만 가구(10.4%) 감소했다[표⑮]. 구분 기준으로 삼고 있는 청년층의 연령대는 25~39세로, 결혼과 분가가 가장 활발하게 이뤄지는 시기다. 해당 가구 수가 줄어들었다는 것은 내 집 마련에 실패해 독립하지 못한 청년들이 늘었다는 것을 뜻한다.

청년들의 통장은 비었는데 집값은 꾸준히 올랐다. 2000년을 기준

구분 (2000년)	합계		남		여	
	가구수	비율(%)	가구수	비율(%)	가구수	비율(%)
25~29세	1,002,519	7.0	804,854	5.6	197,655	1.4
30~34세	1,713,378	12.0	1,533,344	10.96	160,034	1.1
35~39세	2,074,786	14.5	1,869,132	13.1	205,654	1.4
청년층 가구	4,790,683	33.5	4,227,330	29.5	563,353	3.9
전체 가구	14,311,807	100.0	11,658,797	81.5	2,653,010	18.5

구분 (2010년)	합계		남		여	
	가구수	비율(%)	가구수	비율(%)	가구수	비율(%)
25~29세	917,813	5.3	579,415	3.3	338,396	2.0
30~34세	1,4742,504	8.3	1,128,303	6.5	314,201	1.8
35~39세	1,925,640	11.1	1,568,423	9.0	357,217	2.1
청년층 가구	4,285,957	24.7	3,276,141	18.9	1,009,816	5.8
전체 가구	17,339,422	100.0	12,841,928	74.1	4,497,494	25.9

표⓯ 2000년, 2010년 각 가구주 성별, 연령별 가구 수 〈자료출처: 통계청〉

'100'으로 놓고 볼 때, 전체 근로자 임금은 2013년 '202.4' 수준이었으나 25~39세 청년층은 '182.3~193.8'로 평균치를 밑돌았다. 같은 기간 집값의 경우 '220.4', 전셋값은 '225.2'로 뛰었다. 근로자의 소득 대비 주거비 부담이 가중된 배경이다. 소득 불안정성과 높은 집값은 청년들이 주택시장에 진입하는 것을 막고 있다. 나아가 10~20년 후 중·장년이 됐을 때 '내 집'을 마련하는 연결고리를 끊어놨다.

주택시장에 발도 들이지 못하는 청년들은 내 집 마련의 꿈을 포기하고 있다. 청년층 가구 중 2년 이내에 집을 마련할 계획이 있는 가구는 2006년 46.3%, 2010년 35.6%, 2014년 38.4%로 나타났다. 내 집 마련에 대한 꿈을 미루거나 포기하고 있는 청년들이 점점 더 많아지고 있다는 의미다. 이는 다른 연령층에 비해서도 낮은 수준이었다. 반면,

자가 이주 계획 가구 비율

(단위: %)

구분	2006	2010	2014
25~39세	46.3	35.6	38.4
40~54세	59.8	56.6	54.9
55세 이상	59.1	59.1	56.7
계	52.2	48.1	47.8

주: 25세 미만 가구에 대한 분석결과는 미게시

월세 이주 계획 가구 비율

(단위: %)

구분	2006	2010	2014
25~39세	7.1	10.5	12.7
40~54세	7.7	7.7	9.1
55세 이상	9.1	7.6	10.9
계	8.3	9.4	11.8

표⑯ 가구주 연령별 자가 · 월세 이주 계획 가구 비율 〈자료출처: 주거실태조사〉

2년 이내에 월세로 이사하려는 청년층 가구규모는 2006년 7.1%에서 2010년 10.5%, 2014년 12.7%로 증가세를 띠었다. 2014년 기준으로 월세 이주 계획 가구의 비율은 2006년에 비해 청년층은 5.6%, 40~54세 1.4%, 55세 이상 1.8% 증가해 청년층 가구의 오름폭이 가장 컸다[표⑯]. 높은 집값과 집값 뺨 때리는 전셋값을 감당하기 어려운 청년들에게 남은 현실은 월세뿐이다. 이러한 상황에서 '월세→전세→내 집'으로 이어지는 주거 이동경로는 산산조각이 났다.

청년들의 불안정한 현실 = 월세방

최근 포털사이트를 뜨겁게 달군 인기글 가운데 '지상파가 케이블에 안 되는 이유'란 이름의 게시글이 있다. tvN 드라마 〈치즈인더트랩〉과 KBS 드라마 〈내일도 칸타빌레〉 속 주인공(대학생 신분)의 자취방을 비교한 글이었다. 글에서 지적한 바는 이랬다. 먼저 〈치즈인더트랩〉의 여주인공이 사는 월세방은 움직일 수 있는 여유 공간이 거의 없다. 좁은 공간 안에 미니냉장고와 비키니옷장, 작은 책상이 다닥다닥 붙어 있다. 책상에서 공부도 하고 밥도 먹는다. 남자친구는 다리를 뻗고 누우려다 책상에 머리를 부딪치고, 방에서 조금만 소리를 내도 옆집에서 "조용히 좀 해!" 하는 고함소리가 들려온다. 반면, 〈내일도 칸타빌레〉에 나온 자취방은 한눈에 봐도 넓은 평수의 복층 구조로, 한쪽에 그랜드피아노가 놓여 있다. 부유한 가정의 자취생도 아닌데 말이다. 이를 두고 2535세대 청년들은 "현실을 '1도'('하나도', '전혀'의 의미) 모르는 설정"이라고 꼬집었다.

실제 청춘들이 살고 있는 월세방은 어떤 모습일까. 1년 전, 다섯 살 터울의 남동생이 울산에 있는 대학원에 진학하게 됐다. 서울에서는 통학이 불가능했기 때문에 본인이 가진 돈으로 충당할 수 있는 월세방을 구했다. 보증금 500만 원에 월세 40만 원짜리 10평 규모의 방이었다. 대학원생에게는 큰, 월 40만 원의 거금이 나가는데도 방은 '열악하다'는 단어 외에 표현할 수 있는 말을 찾기 힘들었다. 겨우 방 사이즈에 맞는 매트리스를 구했는데 키 180센티미터인 동생이 누우면 발목이 밖으로 빠져나왔다. 욕실에서 샤워를 하면 현관문에서 물이 뚝뚝 떨어졌다. 안타까운 눈빛으로 방을 둘러보던 부모님께 동생은 이렇게 말했다. "괜찮아요, 친구들도 다 이렇게 살아요."

국토연구원 보고서에 따르면 25~39세 청년층 가구가 살고 있는 평균 주거면적은 2014년 기준 62.3㎡다. 19평이 조금 안 되는 수준이다. 케이블 드라마 속 주인공이나 울산의 동생만큼 열악하진 않지만, 결혼

연도별 점유 형태

(단위: %)

연도	자가	전세	보증부월세	월세(사글세)	무상
1999	30.4	40.6	11.6	13.6	3.8
1995	34.5	44.6	13.2	4.5	3.2
2000	34.2	44.4	13.6	4.1	3.7
2005	34.6	35.6	21.7	3.9	4.1
2010	32.0	34.0	26.9	3.1	3.9

주: 가구주연령 및 점유형태 미상은 제외하였다.

5년 후 점유 형태 변화

(단위: %)

구분		자가	전세	보증부월세	월세	무상
1990년 청년층	당시	30.4	40.6	11.6	13.6	3.8
	5년후	44.6	37.3	11.6	3.7	2.8
1995년 청년층	당시	34.5	44.6	13.2	4.5	3.2
	5년후	44.4	37.0	11.7	3.6	3.2
2000년 청년층	당시	34.2	44.4	13.6	4.1	3.7
	5년후	44.8	31.2	17.2	3.3	3.5
2005년 청년층	당시	34.6	35.6	21.7	3.9	4.1
	5년후	41.8	31.1	21.0	2.7	3.4

주: 월세에는 사글세 포함

표⑰ 연도별 청년층 가구의 점유 형태 및 5년 후 변화
〈자료출처: 통계청 인구주택 총조사〉

적령기와 적령기를 훌쩍 넘긴 나이까지 포함된 것을 감안할 때 여유롭다고 하긴 힘들다. 청년층의 평균 주거면적은 2006년보다 3.0㎡ 증가했다. 그러나 이는 40~54세 가구(4.6㎡)나 55세 이상 가구(5.0㎡)의 증가폭보다는 낮은 수준이다. 대부분 이렇게 시작한다고 하지만, 문제는 여기서 더 이상 진전이 없다는 것이다. 월세 비중은 늘고, 전세나 자가 비중은 감소하고 있다는 지표가 이러한 현실을 반영하고 있다.

청년층 가구 중 자가의 비중은 1995~2005년 34% 수준을 유지하다가 2010년 32%로 줄었다. 임차가구 중 전세 비중은 1995년 44.6%에서 2010년 34%로 감소한 반면, 월세 가구는 1990년 11.6%에서 2010년 26.9%로 대폭 증가했다. 자가거주율 변동을 5년마다의 시점으로 나눠보면, 지속적으로 증가율이 둔화되고 있다. 1990~2000년 청년층 가구의 5년 후(25~39세→30~44세) 자가거주율은 34%에서 44%로 10%포인트 늘었지만, 2005년 청년층의 5년 후 자가거주율은 증가율이 7.2% 포인트로 둔화됐다[표⑰].

월세방에 살고 있는 청년들이 빠르게 증가한 것은 2000년 이후다. IMF 외환위기의 여파와 2003년 카드대란, 2008년 미국발 글로벌 금융위기 등이 잇따라 불어닥친 시기라는 것을 염두에 두고 보면 월세는 경제상황에 영향을 받는 것으로 보인다. 청년들의 불안정한 현실이 그대로 반영된 것이 작은 월세방인 셈이다.

'텅장 → 월세 → 텅장'의 악순환

스타트업에서 근무하고 있는 박효은 씨(35)는 주말마다 서울 여행길에 오른다. 주중에 목적지를 2~3개 꼽아놓은 후 토요일 오전부터 강행군에 나선다. 주중에 쌓인 피로도, 남자친구와의 데이트도 뒤로하고 집을 나서는 이유는 딱 한 가지다. 월 45만 원씩 나가는 월세방을 처분해버리기 위해서다. 그녀는 현재 갖고 있는 여유자금 5,000만 원과 대출금 1억 원을 더해 1억 5,000만 원으로 살 수 있는 전셋집을 구하고 있다. 대학 때부터 월세살이를 시작한 효은 씨는 또래보다 돈을 모으는 속도가 늦었다. 매달 월급에서 월세 45만 원이 빠져나가다 보니 그만큼 돈을 모을 여유가 없었다. 이 돈이라도 아껴보기 위해 대출을 받고 전셋집으로 이사 갈 생각을 한 것이다.

한 달 넘게 서울여행을 한 그녀는 '반포기' 상태가 됐다. 돈에 맞춰 집을 알아보다 보니 어느새 서울 밖, 경기도까지 와 있었다. 서울에서는 가진 돈으로 구할 수 있는 집이 없었고, 경기도에서는 여의도 회사까지 출퇴근할 자신이 없었다. 그녀에게 남은 방법은 단 하나였다. 부모님께 손 벌리기. 휴가를 내 부모님 댁이 있는 부산까지 내려갔다. 시나리오는 준비돼 있었지만 막상 퇴직금으로 빠듯하게 생활하는 부모님을 보니 "돈 좀 보태달라"는 소리가 목구멍 밖으로 나오질 않았다. 그날 밤 그녀는 상 바닥이 보이지 않을 정도로 빼곡하게 차려진 엄마표 음식을 우걱우걱 씹고 자리에서 일어섰다.

효은 씨도 여느 청년들처럼 대학생 때는 취업이 목표였고, 사회초년생이 된 지금은 월세방에서 벗어나는 것이 바람이 됐다. 지금 남자친구와 결혼까지 생각하고 있는 터라, 아낄 수 있는 것은 아껴서 결혼자금으로 모을 생각이었다. 월급 230만 원에서 월세 45만 원과 생활비를 제외하면 저축할 수 있는 돈은 없었다. 그래서 그녀는 일단 월세부터 벗어나야 가까운 미래라도 그려볼 수 있겠다고 생각했다.

이는 효은 씨만의 이야기가 아니다. 겨우 발 뻗을 수 있는 방 한 칸에 사는 수많은 청년 월세족들이 겪고 있는 이야기다. 목돈이 없어서 월세를 택한 청년들은 월세 때문에 목돈을 모으기가 힘들어진다. 월세방에 사는 청년들은 어렵게 취업에 성공해도 월급을 고스란히 모으기가 힘들다. '텅장(텅 빈 통장)'이 월세를 낳고, 다시 월세가 '텅장'을 낳는 악순환이 이어지는 것이다. 한국감정원의 발표에 따르면, 2016년 1월 전국 주택의 월세 평균가격은 56만 원을 기록했다. 지역별로 서울은 81만

2,000원, 수도권 69만 5,000원, 지방은 43만 9,000원이었다. 월 56만 원이면 한 공공기관 행정인턴 월급의 절반 이상이다. 경쟁률이 70대 1을 기록했던 그 인턴 말이다.

월세방에 사는 청춘들이 늘어나면서, 청년층(25~39세)의 실주거비는 지난 10년간(2005~2014년) 연평균 6만 2,000원씩 증가한 것으로 나타났다. 국토연구원 측은 이에 대해 "2009년 이후 가구주 연령이 39세 이하인 가구의 실주거비가 가장 크게 증가했다. 이러한 청년층 가구의 실주거비 증가는 전세금 및 월세 상승, 월세 비중 증가와 무관치 않아 보인다"고 분석했다. 이로 인해 청년 월세족들의 목돈 마련은 점점 더 어려워지고 있다. 특히 내 집 마련을 위한 저축은 먼 나라의 이야기가 됐다.

청년층 가구 중 저축하고 있는 가구의 비중은 2006년 72.4%, 2010년 76.9%로 다른 연령층에 비해 높았다. 그러나 이 기간 연령별 저축 가구 비중은 40~54세 11.3% 포인트, 55세 이상 14.9% 포인트 증가한 반면, 청년층 가구는 4.5% 포인트 늘어나는 데 그쳤다. 여기서 청년층 가

구분	2006				2010			
	저축가구 비율	평균 저축액	저축이유(1순위)		저축가구 비율	평균 저축액	저축이유(1순위)	
			주택 마련	전세자금 마련			주택 마련	전세자금 마련
25~39세	72.4	151.8	35.7	4.7	76.9	87.9	25.6	9.4
40~54세	59.3	158.1	16.3	1.6	70.6	89.9	11.9	3.8
55세 이상	22.3	139.4	7.4	1.2	37.2	77.8	5.4	3.1
계	48.0	151.7	22.3	2.9	58.3	86.0	14.3	5.3

주: 25세 미만 가구에 대한 분석결과는 미게시 (단위: %)

표⑱ 가구별 연령별 저축가구 비율 및 저축 이유
〈자료출처: 주거실태조사〉

구가 저축하는 이유 중 '주택 마련을 위해'라는 답변은 2006년 35.7%에서 2010년 25.6%로 줄어들었다[표⑩].

이런 상황에서 청년들에게 남아 있는 한줄기 빛은 부모의 지원이다. 결국 효은 씨도 그랬다. 잠시 그녀의 이야기로 돌아가자면, 효은 씨는 올 초 서울 강서지역에서 전셋집을 구했다. 휴가를 내고 부산에 내려갔던 그날 밤 걱정이 된 부모님이 남동생에게 전화를 걸었고, 전셋집을 구하고 있다는 이야기를 전해 들었다고 한다. 결국 부모님은 자녀들의 결혼자금으로 모아둔 적금을 깼다. 효은 씨와 같이 청년 10명 중 1명 이상은 주거비 마련을 위해 부모의 지원을 받고 있다. 이미 주거 문제는 청년들이 해결할 수 있는 능력치, 그 이상의 것이 됐기 때문이다. 2014년 청년층 가구 중 14.5%는 주택 구입에 필요한 자금을 부모 등으로부터 지원받은 것으로 나타났다. 전셋집 구입자금 중 부모로부터 지원받은 평균 금액은 6,786만 원. 이는 월세방에 살고 있는 청년들도 마찬가지였다. 청년층 가구 중 13%는 보증금과 월세 마련에 필요한 자금을 부모로부터 지원받은 경험이 있었다. 이는 2006년 대비 3% 포인트가량 늘어난 수치다. 월세 평균 지원금은 1,407만 원이었다.

대한민국 그 어딘가, 몸 누일 곳을 찾아서

부모의 지원 외에 청춘들이 월세방에서 벗어날 수 있는 방법은, 아니 월세방에서라도 좀 편하게 지낼 수 있는 방법은 좀처럼 찾기가 힘들다. 물론 정부에서 마련한 대책은 있다. 첫 번째가 '행복주택'이다. 행복주택은 공급 물량의 80%를 대학생, 사회초년생, 결혼한 지 5년 이내의 신혼부부에게 할당해주는 공공임대주택을 말한다. 하지만 행복주택은 '로또주택'이나 다름없는 상황이다. 대학생과 사회초년생, 신혼부부가 함께 엉겨 붙어 싸워야 하니 경쟁률은 치열하다(첫 입주경쟁률은 10대 1이었다). 또 2017년까지 14만 호가 공급돼야 하는 상황이지만, 주민들의 반대와 소송으로 진행마저 더디다.

또 다른 대책은 '대학생 전세임대주택사업'이다. 입주 대상자로 선정된 대학생이 학교 소재지 인근 전셋집을 구하면, 한국토지주택공사(이하 LH)가 집주인과 직접 계약해 전세보증금을 빌려주는 제도다. 그러나 실제 대학가 주택의 경우에는 대부분이 월세를 받고 있어 입주자로 선정되더라도 그 주택을 구하는 것은 '하늘의 별 따기'다.

이런 상황에서 자취 경험 5년 이상인 주변인들이 공통적으로 하는 말이 있다. "정부가 내놓는 여러 가지 정책들이 있지만 여기에 기대기보다는 하나의 옵션으로 생각하는 것이 마음 편해요. 사실 이런 정책들은 내 것이 아니라는 마음으로 임해야 하죠. 이때 부모님의 부담을 조금이라도 덜어드리는 방법은 하나예요. 돈 모으는 거. 그 시작은 '주택청약종합저축'입니다."

2016년 1월의 마지막 날, '청약통장 가입자 수가 2,000만 명에 육박한다'는 소식이 신문 경제면을 장식했다. 기사를 자세히 살펴보면, 청약

구분	상세내용
개요	적금형식 또는 일시예치식으로 납부 가능하며 국민주택 등을 공급받기 위하여 가입하는 저축입니다. 다만 "주택공급에관한규칙"에서 정한 청약예금 지역별 예치금액을 납부한 것으로 인정되는 경우 민영주택에도 청약이 가능한 입주자 저축입니다. (15.9.1일부터 주택청약종합저축으로 입주자저축 일원화)
가입 대상	국민인 개인(국내에 거주하는 재외동포 포함)또는 외국인 거주자 * 전 금융기관을 통하여 주택청약종합저축, 청약예금, 청약부금, 청약저축 중 1계좌만 가입가능 (15.9.1 일부터 청약예금, 청약부금, 청약저축은 신규가입 중단)
가입 서류	- 국민인 거주자는 주민등록증 또는 운전면허증 - 재외동포는 국내거소 신고증, 외국인은 외국인 등록증
계약 기간	입주자로 선정시까지(당첨시)
예금자 보호	이 예금은 예금자보호법에 의하여 보호되지는 않으나, 주택도시기금의 조성 재원으로 정부가 관리하고 있습니다.
적립 금액	매월 2만원 이상 50만 원 이내에서 5천 원 단위로 자유롭게 납입 - 잔액이 1,500만 원 미만인 경우 월 50만 원 초과하여 잔액 1,500만 원까지 일시예치 가능 - 잔액이 1,500만 원 이상인 경우 월 50만 원 이내에서 자유적립
약정이율	가입일로부터 해지일까지 저축기간에 따라 적용 (세금 납부 전) | 1개월 이내 | 1개월 초과~1년 미만 | 1년 이상~2년 미만 | 2년 이상 | | 무이자 | 연 1.0% | 연 1.5% | 연 2.0% | *변동금리로서 정부의 고시에 의하여 변동 될 수 있으며 금리 변경 시 각 납부 회차별 변경일 기준으로 변경 후 금리 적용

표⑲ 주택청약종합저축 〈자료출처: 주택도시기금〉

통장 2,000만 시대를 이끈 주인공은 공공·민간 등 모든 아파트에 청약할 수 있는 '주택청약종합저축'[표⑲]이다. 2015년 말 이 통장의 가입자 수는 1,767만 2,811명으로 전년 대비 17% 이상 많아졌다. 청약저축, 청약예금, 청약부금 가입자는 전년 대비 각각 9~13%씩 줄었는데 주택청약종합저축만 늘었다. 보통 주택 관련 재테크에서 주택청약종합저축에 대해 이야기하면 '뻔하다'는 답변이 돌아온다. 그렇지만 현재 우리가 할 수 있는 범위 안에서 내 집 마련을 위한 재테크의 시작은 '주택청약종합저축 가입'이라고 해도 과언이 아니다. 2015년에만 260만 명 가까이 내 집 마련을 위해 이 통장에 가입했으니 말이다.

주택청약종합저축은 청약저축과 청약예금, 청약부금의 기능을 모아놓은 주택청약통장이다. 내 집 마련에서 상대적으로 저렴하게 접근할 수 있는 곳이 새로운 민영 아파트 분양이나 국민 주택 분양인데, 이런 분양을 위해서는 주택청약종합저축 통장이 있어야 한다. 가입한 기간과 총 저축 금액 등이 분양 1순위가 되는 데 영향을 미친다. 그런데 전국적으로 1순위 자격을 갖춘 청약통장은 900만 개를 넘어섰다. 얼마 전까지만 해도 2년 이상 통장에 납입을 해야 1순위 자격을 줬지만, 최근에는 이 기간마저 1년으로 짧아졌다. 이런 상황에서 "주택청약종합저축이 주는 의미가 있느냐"고 묻는 이들도 있겠다. 답은 "그렇다"이다. 없는 것보다는 낫다.

주택청약종합저축은 가능한 빨리 시작해 결혼 시점까지 꾸준히 납입한다면 내 집 마련에 남들보다 조금 더 가까이 갈 수 있다. 공공임대주택의 경우 1순위 안에서 경쟁이 발생하면 저축 총액이 많거나 납입 횟수가 많은 사람 등에게 우선적으로 공급하기 때문이다. 실제로 최근 LH 경남지역본부가 낸 공공임대주택 공급 기사를 보면 1순위 중 당첨 확률이 높은 조건으로 지목된 사람들은 '김해시에 거주하는 3년 이상 무주택 세대 구성원으로서 저축 총액이 많은 자'였다.

만약 대학교 때부터 아르바이트로 번 용돈을 매달 2만 원씩 넣어왔고, 그 금액을 조금씩 늘려왔다면 청약저축 가입기간과 청약저축 총액에서는 남들보다 한 발 더 앞서 시작하는 셈이다. 대부분 사회초년생들의 첫 재테크로 청약저축을 안내하고 있지만, 대학생 때부터 바로 시작하는 것이 좋다. 한 달에 네 잔의 커피만 아껴도 가능하다. 현재 우리은행, 기업은행, 농협, 신한은행, 하나은행, 국민은행 등 8개 은행에서 가입이 가능하다.

위의 복잡한 이야기들을 떠나서 1차원적인 저축 개념에서도 주택청약종합저축은 추천할 만하다. 기존 예·적금보다 높은 금리를 제공해 목돈을 만드는 데도 매력적이다. 2년 이상 가입 기준으로 이자율은 2.0%다. 기존 2.2%였던 금리가 최근 다소 떨어졌지만, 그래도 1%대까지 떨어진 시중 은행의 예금이나 적금 금리보다는 높은 편이기 때문에 하나쯤 만들어둔다고 해도 전혀 손해 볼 리가 없는 통장이다. 약정 기간이 지날수록 더 높은 이자를 받을 수 있어서 청약을 받지 않더라도 만기 없는 적금 통장으로 활용할 수 있다. 이는 수많은 재테크 전문가들이 내 집 마련을 꿈꾸는 청년들에게 그 시작으로 '주택청약종합저축 가입'을 권하는 이유다.

빚에
익숙한 세대

돈을 모으는 법보다 '잘 갚는' 법이 필요한 시대

　얼마 전 연말, 대학 동기 8명이 모여 한 해 동안 서로 고생했다는 의미에서 1박 2일 송년회 모임을 가졌다. 레지던스를 빌려 족발, 피자, 탕수육 등 배달음식을 잔뜩 시켜놓고 이런저런 안부를 물으며 시끌시끌한 시간을 보냈다. 한창 분위기가 무르익자 동기 한 명이 손을 번쩍 들며 말했다. "애들아 축하해줘. 나 드디어 학자금 대출 다 갚았다." 2004년 대학 입학과 함께 '인생의 첫 빚'이 생긴 이후, 11년 만이었다. 그녀가 2009년에 입사했으니 돈을 벌기 시작한 뒤로 꼬박 6년이 걸린 셈이다. 이 날의 가장 크게 축하할 만한 일이었다. 학자금 대출에서 벗어나기까지 버텨내야 했을 11년의 무게를 공감하며 모두가 한마음으로 축하했다. 그리고 또 한 명이 손을 들었다. 1년 전에 결혼한 친구였다. "애들

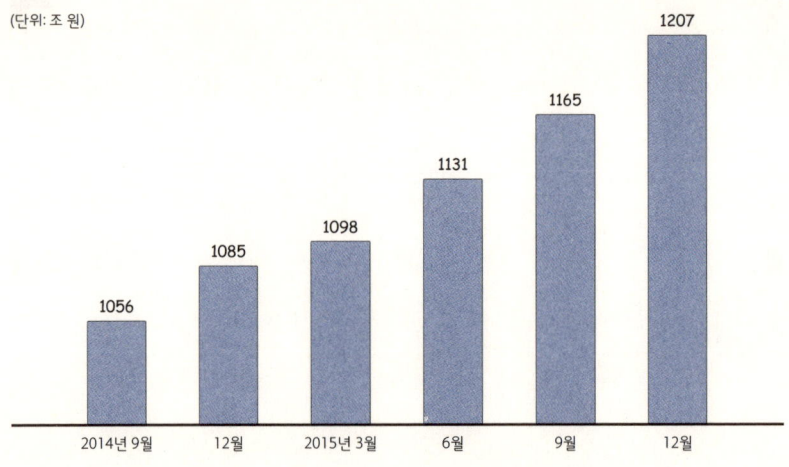

표⑳ 급증하는 가계부채 〈자료출처: 한국은행〉

아 나도 축하해줘. 나 드디어 집 샀다? 근데 화장실만 진짜 우리 집이고, 나머지는 다 아직 은행 소유야."

그렇다. 학자금 대출이라는 고개를 겨우 넘고 나니, 주택 대출이라는 더 큰 산이 우리를 기다리고 있었다. 생각해보면 중학생, 고등학생일 때만 해도 "집에 빚이 있다"는 말이 곧 "우리 집이 심각히 어렵다"는 말처럼 들렸다. 드라마에서 흔히 등장하는 빚을 진 주인공의 집을 보면 끝내 빚을 갚지 못해 빨간 딱지가 붙은 집을 뒤로하고 온 가족이 뿔뿔이 흩어지거나 빚쟁이들이 집에 쳐들어와 채무 상환을 독촉하며 집에 있는 물건들을 부숴버렸으니 그럴 만도 하다. 2016년, "집에 빚이 없다"는 말은 "우리 집은 돈 걱정 전혀 없다"는 말로 들린다. 빚이 없는 집을 찾기가 드문 세상이 됐다.

2015년 12월 기준 가계부채는 1,207조 원에 이르렀다. 국민 1인당 약 2,376만 원의 빚을 지고 있다는 뜻이다. 한국은행에 따르면 1,207

조 원의 가계부채는 2002년 4분기 이후 최대치이자, 전년도 대비 11.2% 증가한 것이다[표⑳]. 반면 가계 평균소득은 전년 대비 1.6%에 그쳤으며, 소비자물가 상승률을 제외한 실질소득 증가율이 0.9%였다는 사실을 감안했을 때, 왜 우리가 돈을 모으지 못한 채 빚을 질 수밖에 없는지 그 이유가 분명해진다. 이제 더 이상 빚 없이는 무언가를 이뤄내기가 힘들어졌을 정도로 우리가 모으는 돈의 속도가 세상에서 돈이 흐르는 속도를 따라가지 못하기 때문이다.

가계부채에 영향을 주는 가장 큰 소비항목으로 꼽는 것은 바로 '주택담보대출'이다. 가계부채 전체의 약 40%를 차지한다. 2015년 경제부에서 주택담보대출 규제를 완화하겠다고 발표하자, 날이 갈수록 치솟기 시작하는 주거비 부담에 사람들은 은행을 찾기 시작했고 대출을 받자마자 시작된 상환금 납입과 1%대의 최저금리로 인해 일반 서민들의 통장은 더욱 가난해지고 있다. 주택담보대출을 받지 못하는 상황의 사람들에게서는 '주거비' 부담이 대폭 늘어남에 따라 전년도 대비 2015년도 가계부채가 급증했던 것이다[표㉑].

가구주 연령계층별	거주 주택 마련	거주주택 이외 부동산 마련	전·월세 보증금	부채상환	사업자금	생활비	기타용도
전체	9.5	6.7	9.3	7.3	31.4	22.0	13.7
30세 미만	14.7		41.2	1.0	4.8	15.2	23.1
30~40세 미만	11.2	5.0	21.4	3.8	20.8	23.0	14.8
40~50세 미만	12.6	5.2	9.1	5.5	32.9	25.3	9.3
50~60세 미만	6.1	9.2	4.2	12.2	33.1	19.5	15.7
60세 이상	7.0	7.3	2.6	5.5	40.9	18.7	18.0

표㉑ 2015년 신용부채 용도별 비중 〈자료출처: 통계청〉

2015년 연간 가구당 월평균 소득은 437만 원. 평균 소득을 버는 가구가 돈 한 푼 쓰지 않고 모아 서울에 있는 아파트를 장만할 수 있는 기간은 '13년'이다. 통계청과 한국감정원이 함께 조사해 내놓은 결과다. 2015년 12월을 기준으로 서울 아파트 매매 가격은 5억 5,129만 9,000원이다. 세금, 연금, 4대 보험 등을 뺀 전국 2인 이상 가구의 월평균 처분가능소득은 356만 2,900원인 것을 고려하면 아무것도 먹지도 않고 입지도 않아야 꼬박 12.9년째에 내 집 마련의 꿈을 이룰 수 있다는 것이다. 2014년을 기준으로 했을 때는 11.9년이었지만 1년 만에 1년이 더 길어진 셈이다.

전세 아파트도 마찬가지다. 2015년을 기준으로 서울의 아파트의 경우 8.7년을 모아야, 수도권 아파트는 6.2년을 모아야 전세로 들어갈 수 있다. 현실적으로 독립과 함께 전세 아파트를 알아보는 누구나 대출에 눈을 돌릴 수밖에 없는 구조가 된 것이다. 학자금 대출로 인해 인생의 첫 번째 빚을 경험하는 시기도 더욱 빨라졌다. 인생에서 떼려야 뗄 수 없는 빚, 두려워서 외면한다고 해결될까. 이제는 돈을 모으는 방법보다 돈을 잘 갚는 방법을 먼저 배워야 하는 시대가 되었다.

빚테크를 선택하는 사람들

워낙 저금리이다 보니 빚으로도 재테크하는 시대가 왔다. 소위 '빚테크'이다. 빚이 있을 때 지금과 같은 저금리 상황에서 예·적금을 붓는 것보다는 차라리 대출금을 갚아 이자를 줄이는 것이 이득이 될 수 있기 때문이다. 대출금리가 더 높은 상황에서 빚을 줄이는 것 자체가 재테크가 된 기이한 현상이 벌어지고 있다. 또 지금보다 금리가 높았던 시절에 받은 대출을 상환하기 위해 보다 낮은 금리로 대출을 갈아타는 경우도 많아지고 있다. 이 경우, 중도상환수수료를 지불해야 하지만 수수료를 감수하더라도 대출 전환을 선택하는 것이 오히려 더 절약이 된다는 것이다.

사실상 빚테크는 '낮은 이자의 대출을 받아 높은 이자의 대출금을 갚으면서 나갈 돈을 줄인다'는 개념이다. 넓게 보면 빚을 줄이는 것 자체가 모두 빚테크라고 할 수 있다. 마땅한 투자처가 없어서 발생하는 일이기도 하다. 실제 은행권에서 종사하고 있는 한 지인은 "자투리 자금으로 적금을 하러 은행에 왔다가 만기이자율이 형편없는 것을 보고 적금을 포기하는 고객이 있는데, 적금을 포기한 뒤 오히려 추가 대출을 문의하는 사람들이 많다"고 귀띔하기도 했다. 낮은 이자율로 만기 적금을 드느니 추가 대출을 받아 빚을 갚겠다고 생각이 바뀌는 사람들이 늘어나고 있는 것이다.

취재 차 만난, 이제 막 사회생활을 시작했다는 강선호 씨(30) 역시 비슷한 경험을 털어놨다. 마산에서 올라와 회사 근처에 전세 자취집에 살고 있는 선호 씨는 대출금 1억 원이 있어, 매달 이자로 30만 원 가량이 나가고 있었다. 적지 않은 금액의 이자를 보며 고민하던 선호 씨는 매달 '당직비'로 나오는 30만 원을 이자로 갚아가면서, 추가적으로 30만 원짜리 1년 만기 정기적금을 드는 계획을 세웠다. 1년짜리 적금이라도 들어놓아야 쌓이는 돈이 생기니 조금이나마 안심이 될 것 같다는 생각에서였다. 은행을 찾아가 선호 씨가 소개 받은 상품은 연 이율 2.40%의 1년 만기 정기적금이었다. 매달 30만 원씩 돈을 넣는다고 가정했을 때, 1년 뒤에 붙는 이자는 세금을 빼고 3만 9,600원이었다. 선호 씨는 즉시

상품 가입을 포기하고 대출 상품 상담을 시작했다. 분할상환을 할 수 있는 신규 대출을 받아서 대출금을 갚아나가는 것이 적금보다 낫겠다는 판단이 들었기 때문이다.

목돈 모으기보다 빚 상환이 먼저다

빚에는 자비가 없다. 사정이 딱하다고 해서 1원도 깎아주지 않으며, 상환시기를 늘려주는 법도 없다. 빚이 우리를 그렇게 대한다면, 우리도 빚을 독하게 대하자. 그러기 위해서는 스스로에게 강도 높은 처방이 필요하다. 보유한 현금성 자산을 팔아서라도 일단 해결하고 시작하는 것이 좋다는 이야기다. 예·적금을 드는 것보다 대출 상환이 우선순위가 되어야 한다. 다시 말하지만, 지금은 '최저금리' 시대다. 예·적금, 펀드 등을 통해 쌓이는 이자보다 대출을 통해 토해내야 하는 이자가 훨씬 높다.

경제 불황, 대출, 빚과 같은 키워드가 연일 이슈가 되는 때에 특히 '가족문제'에 대한 각종 사회뉴스가 쏟아져 나오기 때문에 잠시 짚고 넘어가자면, 무이자로 가족에게 빌린 빚도 예외는 아니다. 아빠나 엄마, 형제와 같은 직계가족이나 친척들에게 빌린 돈은 빚이 아니라고 생각하기 쉽지만, 누구에게서 빌렸건 빚은 빚이다. 가족에게 손을 벌리기 시작하면 기본적으로 빚을 상환하려는 의지가 현격하게 줄어들기 때문에 이는 스스로에게나 가족에게나 전혀 좋은 상황이 될 수 없다.

얼마 전 친한 후배를 우연히 만날 기회가 있었는데, 그때 그녀는 친오빠에게 돈을 빌려 마음고생을 호되게 했다는 얘기를 들려주었다. 두 번째 직장을 그만두고 잠시 공백기가 생겼을 때, 그녀는 오빠에게 생활비 300만 원을 빌려달라는 전화를 걸었다. 오빠 역시 대학 연구원 신분으로 그리 넉넉한 상황은 아니었지만, 당장의 월세가 없으니 제일 먼저 생각난 사람은 오빠였다. 엄마에게 말했다가는, "그러게, 이놈의 계집애야. 왜 회사를 덜컥 그만 둬서 그 고생이야"라며 끝없는 잔소리의 연속일 것이 분명했다. 다정다감과는 거리가 먼 오빠였지만 그래도 흔쾌히 "얼마나, 어디로 보내줄까"라고 답이 왔다. 생활에 여유는 생겼지만 이후 오빠에게 연락을 하거나 만나게 될 일이 생길 때마다 불편하고 미안한 마음, 빨리 돈을 갚아야겠다는 조급한 마음이 들었다. 때로는 점심이나 한 끼 하자는 오빠의 연락을 괜히 무시하는 경우도 생겼다. 계속 그러다가는 남매 간의 돌이킬 수 없는 거리감이 생길까 두려워, 지체 없이 일자리를 찾아 입사한 후 3달간의 월급을 모아 빚을 갚았다. 그녀는 가족에게 돈을 빌렸을 때의 불편함이 돈이 궁할 때의 상황보다 더 힘들게 느껴졌다고 말했다.

  가족뿐만 아니라 친구, 지인에게도 마찬가지다. 가장 좋은 것은 그들에게 손을 벌리는 일이 없는 것이겠지만, 불가피하게 그런 상황이 생긴다면 철저해지기를 거듭 당부한다. 단순히 인간관계에 대한 도의적인 차원에서뿐만 아니라 그것이 자신의 평생 경제습관에 뿌리박혀 끝내는 벌어지기 전까지 상상할 수 없는, 좋지 않은 결과를 가져오기 때문이다. 모르는 사람은 없겠지만, 금융권에서 대출을 받아 제때 상환하지 않거나 유예기간이 지나도 미납의 상황이 이어질 경우, 1차적으로 '신용불량자'로 구분되고 이후 금융 거래와 관련된 모든 사안에 제한을 받게 된다. 그래도 빚을 갚지 못할 경우, 채무불이행으로 인해 법적 조치가 취해진다. 이 모든 과정에서 겪게 되는 심적인 부담이 주는 스트레

스만큼이나 가족, 지인들과의 금전관계에서 빚어지는 갈등은 정상적인 삶을 누릴 수 없게 만든다.

상환에 대한 이야기가 길어졌는데, 사실 대출이라고 해서 모두 부담스러운 이자율을 자랑하거나 빨리 털어내야 할 짐 같은 존재만 있는 것은 아니다. 소위 말해 '착한 대출'도 있다. 착한 대출이라 함은 간혹 매우 드물게 등장하는 대출 금리가 현저히 낮은 상품을 말한다. 예를 들어, 일부 기업은 사원들에게 복지 혜택의 일환으로 초저금리 대출을 지원해주기도 한다. 또 정부에서 지원하는 주택 관련 대출 역시 초저금리인 경우가 있다. 이들은 금리가 상대적으로 낮고, 시중금리가 오르든 내리든 변동이 없는 '고정금리'다. 또 대출 만기일까지 상환기간이 길기 때문에 매달 정해진 금액만 내면서 만기를 유지하는 것이 좋다. 저금리 대출의 경우에는 상환할 금액이 부담스럽지 않기 때문에 반드시 예·적금을 해지하면서까지 갚을 필요는 없는 것이다.

대출은 절대 겸손하게 할 것

평소 신용관리를 잘하는 것이 대출 상품을 고르는 것보다 훨씬 더 중요하다. 신용등급에 따라 대출 금리나 한도액에 차이가 있기 때문이다. 꼭 필요할 때 필요한 돈을 빌리지 못하게 될 경우, 고금리의 제2금융권 대출까지 손을 뻗칠 수 있기 때문에 신용관리를 철저하게 해둬야 한다. 평소에 할 수 있는 관리로는 무엇보다 주거래 은행 하나를 통해 일괄적으로 금융 거래를 하고, 신용카드도 주거래은행 카드 한 장만 중점적으로 사용하는 것이 좋다. 또한 일정한 소득을 증빙할 수 있도록 관련 증빙자료를 잘 챙겨두어야 한다. 연체 기록이나 신용등급 조회 기록이 잦으면 등급에 악영향을 준다. 실수로 카드 대금이나 통신비, 공과금 등을 연체하는 경우가 많은데 사소한 것처럼 보이지만 그러한 연체 기록들이 쌓이게 되면 신용점수가 많이 깎일 수 있으니 꼼꼼하게 챙겨야 한다.

상환할 능력 범위에서만 대출을 하는 것도 당연하지만 간과하기 쉬운 개념이다. 특히, 금융권 일반 신용대출이 아닌 카드론이나 리볼빙 서비스는 애초부터 염두에 두지 않아야 한다. 리볼빙은 카드결제대금을 다 결제하지 못할 때 연체를 피하기 위해 일부만 결제하고 나머지는 다음 달로 이월하는 결제시스템이다. 매우 편리해 보이지만 악마의 유혹과 다를 바가 없다. 당장 갚아야 할 돈이 적어 좋아 보이지만 원금은 줄지 않고 이자만 계속 붙기 때문이다. 그 금액에 신용카드 사용액이 더해지다 보면 갚을 카드대금이 불어나 점점 더 깊숙이 부채의 늪에 빠지기 십상이다.

지금과 같이 경제가 불황일 때는 대출이 필요해지는 상황은 예고 없이 찾아온다. 문제는 청년들이 이미 적어도 1~2개의 대출의 짐을 짊어지고 있다는 사실이다. 지금의 2535세대만큼이나 대출과 빚에 익숙한 세대는 없는 것 같다. 대출에 한 번 발을 들이는 것은 쉽다. 너무 쉽게 접근할 수 있기도 하다. 그렇기에 경제 불황 속 청년들은 필요하다면 주저 없이 그 짐을 더 짊어질 것을 선택하게 될지도 모르겠다. 당부하건대 대출을 고민하고 있다면 자신에게 일어날 수 있는 최악의 미래를 가정하고, 그것을 감당할 수 있는지를 스스로에게 거듭 묻고 확인해 현명한 선택을 하길 바란다.

직장
정글만리

이름값 하는 회사가 평생을 책임져 주지는 않는다

기자생활을 하면서 우리나라 금융 및 산업계에서 난다 긴다 하는 리더들을 만났다. 짧은 대화부터 정식 인터뷰까지 이들과 만나 나눈 이야기들은 우리를 경제기자로 키운 자양분이었다. 참 많은 사람들을 만나 여러 가지 이야기를 들었지만 그중 가장 기억에 남는 것을 꼽으라면, 다음의 이야기가 아닐까 싶다.

"취업준비생이시라고요? 부모가 반대하는 회사에 취업하세요. 지원자들이 몰려드는 곳은 절대 가지 마세요. 상대적으로 월급이 적은 쪽도 좋습니다."

소규모 간담회 자리에 참석한 국내 대표 은퇴교육전문가 강창희 트러스톤 연금교육포럼 대표는 처음부터 쇼킹한 말을 쏟아냈다. 당시 간담회는 포털사이트 다음(Daum)에 게재하고 있던 시리즈 기사의 독자들을 초청한 자리였다. 간담회에 참석한 2535세대 청년들은 금융업계 대표 전문가로 꼽히는 강 대표의 이야기를 듣기 위해 기차표를 끊거나 학교 수업을 뒤로하고 자리에 모였다. 파릇파릇한 청춘들이 자리를 빛내주고 있는데 강연자로 초청한 강 대표가 "부모가 반대하는 회사에 취업하라"고 권하니, 주선자 입장에서는 얼굴이 붉어질 수밖에 없었다. 우리의 애타는 눈빛이 보이지도 않는지 강 대표는 망설임 없이 말을 이어갔다.

그의 조언은 군더더기 없이 직설적이었다. 저성장·취업난·고령화 등 결핍의 시대를 살고 있는 청년들에게 위로의 말 대신, 어떻게 해야 노년까지 잘 먹고 잘 살 수 있는지에 대해 말했다. 주직장에서 40대 중반까지 근무할 확률이 20% 이하로 떨어진 상황에서 대기업만을 바라보고 있는 것은 어리석다는 것이 그의 지적이었다. 고령화가 급속도로 진행되고 있는 이때 당장 대기업에서 많은 월급을 받는 것보다 중요한 것이 있다고 강조했다.

1975년 강 대표가 한국거래소에 근무할 때의 일이었다. 당시 선진국 거래소를 탐방하기 위해 일본 도쿄에 있는 증권거래소를 방문했다. 주식과 채권을 보관하는 도쿄 증권거래소의 지하 창고에서 머리가 하얗게 센 노인들이 주식을 세고 있는 모습을 보게 됐다. 그들은 옛 회사 임원이나 공무원 출신의 퇴직자들이었다. 화려한 경력을 갖고 있던 인사들이 시간당 500엔을 받으며 창고에서 아르바이트를 하고 있었던 것이다. 탐방을 마치고 돌아온 숙소에서는 노인들이 젊은이들 대신 밤 당번을 서고 있었다. 그는 그때의 광경을 떠올리며 이렇게 말했다. "스물여덟 살이었던 당시 내 눈에 체면을 버리고 일하는 노인들의 모습은 충격적이었어요. 그때 그 모습을 본 게 은퇴교육을 하고 있는 지금 얼마나 큰 도움이 되는지 모르겠어요. 저의 은퇴 이후 준비에도 큰 영향을 미쳤죠. 당시 일본에서 65세 이상 노인의 비율은 전체 인구의 8%였습니다. 지금 우리나라는 노인의 비율이 12%고요. 40년 전 일본의 노인들은 고령화 사회를 맞으며 이미 허드렛일을 할 준비가 돼 있었던 거죠."

100세 시대를 맞은 청년들에게 가장 중요한 것은 '오래 일할 수 있는 자세'라고 강 대표는 말했다. 대기업에 들어가 높은 연봉을 받는 것보다 체면을 벗어 던지고서라도 남보다 오랜 기간 일하는 것이 더 유효한 재테크라는 것이다. 실제로 1930~1950년생 남성이 주직장에서 45세까지 근무할 확률은 80%에 달하지만, 1960년생은 20% 초반대로 떨어진다. 대학을 졸업하고 이제 막 취업전선에 뛰어든 1985~1990년생이 한 직장에서 45세까지 일할 확률은 이보다 더욱 낮아졌다. 일류기업에 들어가도 40대 중반은커녕 당장 1년 후도 어떻게 될지 모른다. 개인이 버텨내느냐의 문제가 아니라 기업들 역시 경제 불황에 휘청이고 있기 때문이다. 이제 직장을 5~6번 정도 옮겨야 60세까지 일할 수 있는 사회가 됐다. 주직장이 무의미해진 상황이지만, 청년들은 여전히 대기업을 바라보며 스펙 쌓기에 몰두하고 있다.

간담회에 참석한 청년들의 사정을 듣던 강 대표는 이렇게 말을 덧붙였다. "젊은 사람들의 입장에서 볼 때 우리 사회는 냉혹합니다. 부모 세대는 시험을 잘 보고 이름이 알려진 회사에 들어가면 그걸로 됐죠. 그런데 지금은 상황이 달라졌어요. 사회는 점점 냉혹해지는데 부모들은 자식을 강하게 키우지 않았어요. 이제 직장에 오래 다니려면 좋은 성적이 아니라 남들과 다른 주특기를 갖고 있어야 합니다. 부모가 잘 모르는 회사에 들어가라는 것도 이 같은 맥락에서 한 말입니다."

대한민국 직장 정글만리

강 대표의 이야기가 인상 깊었던 이유는 그가 예상치 못한 조언을 했기 때문이 아니다. 우리가 7년 넘게 직장생활을 하면서 느낀 대한민국 '직장 정글만리'의 현실을 사이다 마신 것마냥 속 시원하게 꼬집어 냈기 때문이다.

앞서 우리는 직장 정글만리의 잔혹함을 직접 체험한 바 있다. 대학을 졸업할 당시, 스펙이 꽤 좋은 편이었다. SKY로 불리는 학벌은 아니었지만 이름만 들으면 알 만한 대학을 나왔고 학점도 괜찮았다. 대학 내 학보사를 시작으로 해외여행을 보내주는 공모전, 기업에서 운영하는 대학생 기자단, 한 언론사에서 모집한 해외탐방단까지, 대외 활동의 3대 트로이카로 불리는 공모전·기자단·탐방단을 모두 달성했다. 그렇게 스펙이라는 괴물을 이겨내고 대학 졸업식에 참석하기도 전에 취업에 성공했다.

직장인으로서의 첫 출발도 좋았다. 1년차일 때는 선배들에게 "3년차만큼 일을 잘 한다"는 평가를 들었고, 인사고과 성적은 언제나 상위권이었다. '인생, 잘 풀린다'는 생각이 들던 시절이었다.

하지만 3년을 채우기도 전에 첫 직장에서 나와야 했다. 딱히 어떤 잘못을 한 것은 아니었다. 첫 직장에 들어온 지 2년 반 만의 일이었다. 아직도 날짜를 정확히 기억한다. 2010년 12월 30일, 당시 회사는 연말 분위기에 들떠 있었지만, 우리 부서만은 그렇지 못했다. 회사 인트라

넷 게시판에 '연말 인사' 공고가 떴다. 누구는 승진을 했고 누구는 이동을 했지만 우리 부서는 '대기발령자'만 총 5명이었다. 보름 전, 회사는 우리 부서의 업무와 함께 해당 인력을 모두 자회사로 보내겠다는 양수도계약을 맺었다고 통보해왔다. 어떻게 된 일인지 몰라 허둥지둥하던 우리에게 회사는 "결정을 따르지 않으면 조치를 취할 수밖에 없다"는 입장을 전달했다. 이 과정에서 어떠한 위로의 말도 없었고, 우리는 모두 대기발령자가 되었다. 당시 나이는 스물일곱, 속한 부서의 막내였다. 사흘 뒤인 2011년 1월 2일, 늘 출근했던 부서 사무실이 아닌 인사과 사무실로 들어섰다. 안내 받은 자리는 전경이 끝내주는 인사과 창가 쪽에 놓여있었다. 오가는 직원들의 안쓰러운 눈빛을 받으며 한 달을 버텼고, 결국 '일신상의 이유로 사직하겠습니다'라는 문장을 종이 한 장에 적어서 냈다.

그 뒤 한 언론사의 경력 모집에 응시해 이직에 성공했다. 아직도 12월 30일이 되면 마음이 아릴 정도로 당시의 기억이 아프게 남아있지만 어쨌든 먹고 살려면 또 다시 정글 속으로 들어가야만 했다. 사람들에게 치이고, 선배들에게 혼나기도 하면서 남들과 다름없는 직장생활을 이어갔다. 그렇게 2년여의 시간을 보내던 중 갑자기 회사에 '비상사태'가 선포됐다. 회사가 어렵다고 하는데 왜, 얼마나 어려운지는 알 수 없었다. 팀장으로부터 그저 회사가 비상사태라는 것만 전해 들었다. 이로 인해 당분간 조·야근비, 조식 식비 등 이러저러한 수당을 받지 못하게 됐다. 재테크 밑천이었던 수당이 말 한마디에 사라져버렸다. 복잡한 회사 운영 지침과 수당 지급 체계 등은 무의미해 보였다. 밖에서 사건을 찾고 취재원에게 캐묻는 능동적인 기자도 결국 회사 안에서는 수동적인 직장인 중 한 명이었다.

처음에는 지금 겪고 있는 정글이 우리만의 이야기인 줄 알았다. 대한민국의 많은 청년 직장인들이 정글 속에서 생활하고 있다는 것을 안 것은 2015년 말이었다. 두산인프라코어는 경영난으로 2015년 네 차례에 걸쳐 희망퇴직을 벌였다. 같은 해 12월 국내 사무직 3,000여 명을 대상으로 명예퇴직 신청을 받았는데, 신청자 중 20대 사무직 직원과 갓 입사한 공채 신입사원 등이 포함된 것으로 전해져 논란이 일었다. 청년들과는 무관한 단어처럼 보였던 '희망퇴직'이 이제는 사회초년생까지 저격하고 있는 것이다. 두산인프라코어 신입사원들은 화려한 스펙을 쌓고, 인고의 시간을 견뎌 대기업에 들어갔는데도 언제 잘릴지 모르는 상황에 두려워했다. '사람이 미래다'라는 카피를 전면에 내세운 기업이어서 더 충격이 컸다. 박용만 두산그룹 회장이 직접 나서 "희망퇴직 대상에서 신입사원은 제외하겠다"고 밝혔지만 논란은 쉽사리 사그라지지 않았다. 이로 인해 트위터를 통해 소탈한 모습을 보여줬던 박 회장의 이미지도 훼손됐다.

1년차 직장인도 저격하는 '희망퇴직' 권고의 시대

직장은 정글이다. 취업만 하면 걱정은 끝이라고 생각하지만 막상 사원증을 받은 청년들 앞에는 '새로운 정글'이 펼쳐진다. 취업준비생 때는 또래들끼리 일자리라는 먹잇감을 놓고 경쟁했다면, 직장인이 되어서는 강자와 약자와 정확하게 갈리는 정글에서 낙오와 생존을 놓고 다투게 된다. 이 정글에서 약자인 직장인은 언제 다시 취업준비생으로 돌아갈지 모르는 '을'이다. 실제 하루하루 생존을 위해 싸워야 하는 직장 정글을 견디지 못하고 다시 원점으로 돌아가는 청년들도 있다.

　최근 장하나 더불어민주당 의원이 공개한 국회입법조사처의 〈신입사원 이직 현황〉에 따르면, 2015년 5월 기준으로 15~29세 청년 400만 명 중 244만 4,000여 명이 1년 3개월 만에 첫 일자리를 그만두는 것으로 나타났다. 전체의 63.3%에 해당한다. 취업에 성공해 겨우 7포세대에서 5포세대가 된 이들이 2년도 안 돼 다시 7포세대, 원점으로 돌아온 것이다. 강창희 대표의 말처럼 한 직장에서 오래 일하기가 어려워졌다. 언제 회사에서 등을 떠밀지 모른다. 강 대표는 "일류기업에 들어가도 40대 중반에 어떻게 될지 모른다"고 말했지만, 두산인프라코어 등 여러 사례를 살펴볼 때 그 연령대는 점점 낮아지고 있다. 그가 대기업에 들어가기 위해 애쓸 필요가 없다고 한 이유도 이 때문이다.

　국내 기업들의 상황이 점점 더 악화되고 있는 것을 보면 이렇게 불안정한 상태는 당분간 지속될 것으로 예상된다. 2015년 말 통계청이 발

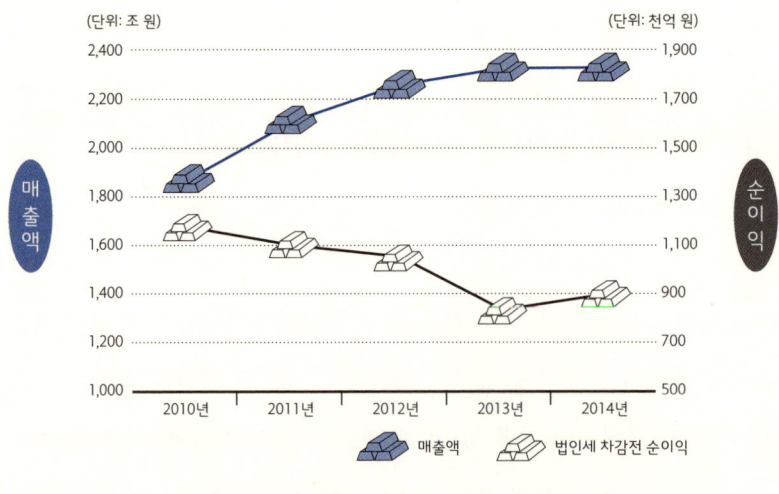

표㉗ 한국 기업 매출액·순이익 추이 〈자료출처: 통계청〉

표한 〈2014년 기준 기업활동조사 잠정 결과〉에 따르면, 한국 기업의 매출액은 통계 조사를 시작한 2006년 이후 처음으로 감소했다. 2014년 금융·보험업을 제외한 국내 전체 기업의 매출액은 2231조 원으로 전년 대비 1.2% 뒷걸음질 쳤다[표❷]. 2016년에도 상황은 나아지지 않았다. 최근 세계 최대 소비시장인 미국과 중국이 잇따라 부진한 경제지표를 발표하고 있고, 일본과 유럽도 부진한 흐름을 이어가고 있다. 한국 경제에서 수출이 차지하는 비중이 60%에 육박하는 것을 감안하면 이는 심각한 상황이다. 세계적인 불황의 그림자가 우리나라에는 더 큰 한파를 몰고 올 수 있다.

이로 인해 국내 기업들은 구조개혁을 서두르고 있고, 2016년 초 이를 도울 '기업활력제고특별법'(일명 원샷법)이 국회 본회의를 통과했다. 원샷법은 기업이 부실해지기 전 선제적으로 사업을 재편할 수 있도록 규제를 완화하는 내용을 담고 있다. 2016년 8월부터 원샷법이 시행되면 청년들이 몸담고 있는 기업들은 본격적으로 사업구조 개편에 팔을 걷어붙일 것으로 예상된다. 이 과정에서 제2, 제3의 두산인프라코어 사태가 일어날 수도 있는 것이다.

직장인의 탈출구, '이직'

이런 불안한 상황에서 직장인들이 찾은 탈출구는 '이직'이다. 경기가 나빠졌을 때 직장인들은 어떤 이직 전략을 세울까. '집 나가면 개고생'이란 말처럼 경기가 어려우니 회사에 딱 붙어있겠다는 직장인이 많을 것 같지만, 실제 조사 결과는 정반대였다. 취업포털 사람인이 직장인 1,246명을 대상으로 '생존에 대한 불안감이 이직 계획에 미치는 영

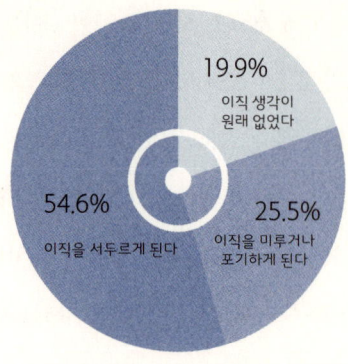

표㉓ 생존에 대한 불안감이 이직 계획에 미치는 영향 〈자료출처: 사람인〉

향'에 대해 설문조사한 결과, 생존에 대한 불안감을 느끼는 직장인의 절반 이상(54.6%)이 '이직을 서두르게 된다'고 답했다. 반면 '미루거나 포기하게 된다'는 직장인은 25.5%였고, '이직 생각이 원래 없었다'는 이들은 19.9%에 머물렀다[표㉓]. 이직을 서두르는 이유로는 '회사에 더는 비전이 없는 것 같아서', '회사가 더 어려워지기 전에 나오려고'라는 답이 높은 비중을 차지했다. 부진한 경제 상황에 대처하기 위한 방안 중 하나가 이직인 셈이다.

취업준비생들의 목표가 '취업'이라면, 직장인들의 목표는 '오래 일하기'다. 그런데 해를 거듭할수록 심화되는 경기침체는 한 곳에서 오래 일할 수 없는 환경을 만들었고, 직장인들은 전략적으로 거처를 옮기면서 수명을 늘리고 있다. 이 글을 쓰는 우리 역시 현재 각자 다른 세 번째 직장에서 일을 하고 있다. 두 번째 직장에서 계란 한 판의 나이가 되었을 무렵, 주변의 동료들이 하나둘씩 이직을 해서 떠나갔다. 자연히 앞날에 대한 고민을 시작하게 됐고, 이직을 꿈꿨다. 회사에 남아있는 모습도 그려봤지만 답이 나오질 않았다. 불안한 경제 상황은 직장 내 경쟁을 더욱 치열하게 만들었다. 이 경쟁을 뚫고 한정된 '데스크' 자리까지 올라갈 가능성은 희박해 보였다. 또 나이를 먹은 후에 회사가 등을 떠밀면 길바닥으로 쫓겨나는 수밖에 없어 보였다. 결국 오래 일하려면 남들과 다른 커리어를 쌓아나가야 하는데 방법은 이직밖에 없었다. 경력시장에서 '잘 팔리는' 연차와 나이를 넘기기 전에 발돋움을 해야 한다는 생각이 머릿속에 가득했다. 그 누구도 경력직의 연차와 나이를 한정 짓지 않았지만 사회생활을 하며 겪은 여러 경험들이 서른 살의 우리에게 경고음을 울리고 있었다. 그렇게 이직을 꿈꿨고, 2015년 3월 새로운 직장생활을 시작했다.

지난해 우리와 같이 이직을 꿈꾸고, 달성한 직장인은 10명 중 1명에 달했다. 취업포털 잡코리아에서 기업 인사담당자 791명을 대상으로 '2015년 평균 직원 이직률'을 조사한 결과, 평균 이직률은 10.2%로 집계됐다. 기업별로는 중소기업이 10.8%, 대기업이 10.3%, 중견기업이 9.7% 순으로 이직률이 높았다. 이 같은 이직 행렬은 앞으로 계속될 것으로 예상된다. 직장인들은 2016년 새해 소망 1위로 이직을 꼽았다. 이직을 희망하는 직장인은 '로또 당첨'을 꿈꾸는 이들보다 10% 포인트 가량 많았다. 이직은 로또 당첨보다 간절한 직장인들의 바람이 됐다.

나의 능력을 기본 자금으로 한 매력적인 재테크

이직을 준비하고 있다는 직장인 정혜주 씨(28)를 만났다. 홍보대행사에 다니는 1년차 직장인인 그녀가 이직을 하려는 이유는 딱 한 가지 '연봉' 때문이다. 긴 구직과의 싸움에서 승리한 날부터 첫 월급을 받기 전까지 딱 한 달은 꿀맛 같은 시간을 보냈다. 직장생활에 대한 긴장감과 설렘으로 가득했고, '이제 인생의 큰 짐을 덜었다'는 안도감이 찾아왔다. 학교 도서관을 다니던 학생 신분에서 여의도 커리어우먼이 되자, 일에 대한 의욕도 불타올랐다. 문제는 첫 월급을 받은 후 터졌다. 월급이 들어온 지 닷새도 지나지 않아 통장잔고가 바닥이 난 것이다. 학자금 대출을 갚고, 월세를 내고, 공과금과 교통·통신비 등 그동안 쓴 카드값을 내고 나니 통장의 숫자가 원래 상태로 되돌아갔다. 월급통장에 찍힌 잔액을 두 번, 세 번 다시 들여다봐도 뿌듯함보다는 '앞으로 어떻게 살지'라는 걱정이 앞섰다. 연봉 2,300만 원으로는 답이 나오질 않았다. 혜주 씨처럼 사실 직장인들이 이직하는 가장 실질적인 이유는 연봉에 있다.

일부 기업을 제외하고 이제 '버티는 게 재테크'라는 생각은 구시대적인 발상일 수 있다. 호봉제가 당연했던 부모님 시대에는 '버티면 매년 호봉이 오르고, 연봉이 오르는' 재테크가 가능한 구조였다. 가만히만 있어도 해마다 2~3% 이상씩 월급이 올라갔다. 일본에서 건너온 호봉제는 1960년대 우리나라에 본격적으로 도입됐다. LG전자의 전신인 금성사 등 당시 우리나라의 대표 기업들은 대부분 호봉제를 채택했다. 그러나 최근 들어서는 기업들이 너도나도 호봉제를 폐지하는 분위기다. 자동차업계에서는 처음으로 르노삼성자동차가 2015년 7월에 호봉제를 폐지하겠다고 나섰다. 현대자동차도 은근슬쩍 호봉제 폐지 카드를 들이밀고 있다. 호봉제는 인건비 상승의 가장 큰 원인이기도 하다. 젊은 시절부터 차근차근 호봉을 올려온 부모님 세대에게 주어야 할 월급이 눈덩이처럼 불어났기 때문이다. 실제로 우리나라의 신입 근로자와 30년 이상 근무자의 임금 격차는 3배 이상이다.

호봉제를 대체한 최근 대세는 연봉제다. 지난 한 해 동안 낸 성과에 따라 새해 초에 한 해 연봉을 협상하고 계약을 완료하는 형태다. 그런데 이 연봉제라는 것이 연봉 '제자리걸음'을 담보로 한 달콤한 유혹이다. 물론 자신이 다른 동료들보다 월등히 일을 잘해 좋은 성과를 올린다면야 일반적인 호봉제보다 더 많은 상승률을 기대할 수 있지만 연봉제는 상대적인 제도이다. 연봉이 껑충 뛰는 동료가 있으면, 자동적으로 연봉이 동결되거나 되레 깎이는 동료가 생기기 마련이다. 실제로 우리가 근무했던 한 회사에서는 매년 연말 A~D등급 순으로 성과를 매겨, 제일 낮은 D등급을 받으면 연봉을 동결하기도 했다. 그러다보니 3년 뒤, 5년 뒤 받을 연봉을 미리 따져보는 일은 허무한 계산이 됐다. 또 다른 회사의 경우에는 최하위 등급을 받을 경우, 연봉을 일정 비율만큼 삭감하기도 했다. 직장인들 사이에서 연봉제는 '호봉제만 못한 제도', '겉보기에만 번지르르한 노동 임금의 덫'으로 여겨지고 있다.

이 같은 상황에서 이직은 또 하나의 재테크 방법이 된다. "앞자리 수는 바뀌었어?" 누군가 이직에 성공하면, 주변 지인들은 하나같이 연봉의 맨 앞자리 수가 바뀌었는지를 묻는다. 만약 기존 자신의 연봉이 2,800만 원이었다면 3,000만 원대로, 3,500만 원이었다면 4,000만 원대로 올리는 것이 이직의 성공을 판가름한다는 것이다.

이렇게 이직을 통해 연봉을 올린다면 그 수익률은 얼마나 될까. 2015년 임금인상률을 1.6% 내의 범위에서 조정하라고 제안했던 한국경영자총협회가 2016년에는 임금을 2015년 수준에서 동결할 것을 권고했다. 이를 감안하면 이직의 수익률은 10~15%가 될 것으로 추정된다. 현재 받고 있는 연봉에서 10~15% 정도를 올려서 이직하는 것이 보통이기 때문이다. 흔치 않지만 20% 이상 인상되는 '대박'의 사례도 어렵지 않게 찾아볼 수 있다. 이로 인해 이직을 한 번이라도 해본 대한민국 직장 정글만리의 선배들은 "이직도 또 하나의 재테크가 될 수 있다"고 이야기한다. 나의 능력을 기본 자금으로 한 매력적인 재테크라고 말이다.

세금, 누가 더 내고
덜 내느냐의 문제

세금이 통장의 잔액을 바꿔놓는다

최근 직장인들이 주력하고 있는 재테크는 무엇일까. 바로 '세테크'다. 빠듯한 월급으로 힘들게 모은 돈을 '어떻게 지키느냐'가 '얼마나 많이 모으냐'만큼 중요해졌기 때문이다. 저성장·저금리 시대에 돈을 불리기가 힘들어지니 모은 돈에서 세금을 얼마나 덜 내느냐가 재테크의 성공 여부를 결정짓는 변수가 된 것이다. 세테크는 절세를 통해 재테크하는 기법들을 일컫는 말이다. 직장 정글만리를 마주한 사회초년생이라면 '빨간 밑줄'을 그어가며 익혀둬야 할 재테크 정보 중 하나가 세테크다. 다음에 나오는 스물아홉, 미생 3인방의 사례는 세테크가 통장의 숫자를 어떻게 바꿔놓는지를 여실히 보여준다.

2014년 11월의 마지막 날, 드라마 〈미생〉의 주인공 장그래가 여러 직장인들의 마음을 후벼 파던 그즈음이었다. 국내 중견 식품업체에 근무 중인 '진짜 미생' 김지윤 씨(29)는 '한 잔 콜?'이란 메시지로 입사 동기들을 종로의 먹자골목 포장마차로 불러 모았다. 이날 모인 동기는 지윤 씨와 88년생 삼총사인 송아름, 고아진 씨다. 세 사람은 월급명세서를 테이블 위에 올려두고 소주잔을 기울였다.

"내가 기막힌 마술을 눈앞에서 봤다? 바로 오늘, 월급 받은 지 엿새 만에 통장 잔고가 바닥났어. 진짜 신기하지 않아? 취업하면 돈 걱정은 줄어들 줄 알았는데, 취업턱 내고 회사에 입고 다닐 옷 사니까 남는 게 없어. 이제 다음 월급날까지 어떻게 버티냐고……."

지윤 씨가 마스카라 번진 얼굴로 신세 한탄을 시작하자 아름 씨와 아진 씨의 고백도 이어졌다.

"나라고 뭐 다른 줄 아냐? 취업했다고 기뻐하던 게 엊그제 같은데, 대체 우리는 언제 돈 버냐."

"나도 마찬가지야. 내가 부양할 가족이 있어, 뒤치다꺼리할 연하 남친이 있어? 대체 뭐가 문제냐고……. 산 넘어 산이다. 우리 돈 많이 주는 데로 이직 안 할래?"

얄팍한 주머니 사정을 토로하던 세 사람의 이야기는 술병이 쌓일 즈음 "이러다 결혼은 할 수 있을까"로 넘어갔다. 부모님 도움 없이 결혼하고 전셋집이라도 마련하려면 1억 원은 있어야 한다는데, 지금 상황으로 30대 초반까지 그 정도의 돈을 모을 수 있는 방법은 로또에 당첨되는 일밖에 없는 것 같았다. 누가 처음 이야기를 꺼냈는지는 기억이 나지 않지만, 세 사람은 생애 첫 재테크를 시작해 보기로 했다. 독한 마음을 먹고 정한 재테크의 시작은 '매달 25일 월급이 들어오자마자 무조건 절반을 저금하기'였다. 다음 날 각자 은행에 가서 3% 금리의 적금 상품에 가입하고 매달 100만 원씩을 꼬박꼬박 저축했다.

그로부터 1년 뒤 삼총사는 다시 종로 먹자골목 포장마차로 모였다. 한 해 동안 성실하게 저축한 것을 축하하기 위한 자리였다. 술이 한 잔, 두 잔 들어가며 분위기가 무르익자 세 사람은 숫자로 빼곡히 채워진 통장을 펼쳐들었다. 빠르게 통장을 스캔하던 아름 씨의 한 마디가 왁자지껄한 분위기에 찬물을 끼얹었다.

"왜 모은 금액이 다르지? 우리 똑같이 매달 100만 원씩 금리 3% 적금에 넣지 않았어?"

술기운에 풀린 세 사람의 눈이 다시 또렷해졌다. 아름 씨의 말대로 세 사람은 매달 똑같은 금액을 같은 금리의 적금 상품에 부었는데, 통장에 찍혀있는 숫자는 저마다 달랐다.

"정말이네? 난 1,216만 6,492원인데 아름이 넌 1,217만 8,103원, 아진이는 1,219만 6,799원이잖아. 왜 나는 아진이랑 3만 원 가까이 차이가 나지?"

지윤 씨가 그 이유를 알게 된 것은 다음 날이었다. 퇴근 후 적금 상품을 가입한 은행에 찾아갔다.

"고객님, 오해하지 마세요. 그게 세금의 문제인 것 같은데 동기 분들과 다시 한 번 확인해 보시겠어요? 고객님이 가입한 상품은 일반 적금이지만 동기 분들이 가입한 상품은 비과세나 세금우대 상품이어서 모은 액수에 차이가 나는 것 같아요."

세금이라는 존재는 알고 있었지만 세금이 통장에 적힌 숫자를 바꿔놓는다는 것은 상상도 하지 못했던 일이었다. 은행의 비리를 파헤치겠다는 각오로 씩씩거리며 창구직원을 찾아간 지윤 씨는 빨갛게 달아오른 얼굴로 황급히 은행을 빠져나왔다. 회사에 돌아와 확인해보니 창구직원의 말대로 세 사람의 통장에는 각기 다른 이름표가 붙어있었다. 아름 씨 통장에는 '세금우대', 아진 씨의 것에는 '비과세'라고 적혀있었다. 곧장 '재테크로 돈 좀 모았다'는 물류팀 김 대리를 찾은 세 사람은 숨도 안 쉬고 질문을 쏟아냈다.

"셋 다 월 100만 원씩 3% 금리의 통장에 넣었는데, 대체 왜 금액이 다를까요?"

"세금이 문제라는데 여기서 세금이 왜 나와요?"

"세금우대, 비과세는 대체 뭔데요?"

지윤 씨는 김 대리의 취향을 저격한 카페모카 한 잔을 내려놓으며 그간 겪은 일을 털어놨다. 이야기를 다 들은 김 대리는 고개를 끄덕이며 입을 열었다.

"2015년도 우리나라 예산이 375조 4,000억 원이라고 하더라. 정부가 이 어마어마한 나라살림 비용을 어떻게 마련할 것 같아? 답은 바로 '세금'이야. 국민들, 즉 우리가 돈을 벌고 쓰는 데에는 모두 세금을 붙여서 거둬들이는 거지. 너희들이 사랑하는 별다방 아메리카노 한 잔 값에도 세금이 붙어 있고, 외국에서 넘어온 샤넬백에도 세금을 부과하지. 우리가 매달 받는 월급도 그래. 일한 값을 온전히 보상받는 게 아니라 세금을 제외한 임금만 우리 손에 떨어지는 거야. 너희 셋이 1년간 부은 적금도 마찬가지고. 돈을 모으고 버는 모든 과정에서 우리는 세금을 내야 해. 문제는 '누가 더 내고, 덜 내느냐'지."

김 대리의 말에 따르면 이자로 번 소득에는 소득세 14%와 주민세

1.4% 등 총 15.4%의 세금이 부과된다. 즉, 이자로 100만 원을 벌면 15만 4,000원을 세금으로 내야 하는 셈이다. 지윤 씨는 이 세금을 다 낸 반면, 돈을 가장 많이 모은 아진 씨는 세금을 내지 않는 비과세 상품에 가입해 소득세 14%를 피해갔다. 아름 씨는 세금 납부를 남들보다 우대해주는 세금우대 상품으로 9.5%(소득세 9%+농어촌특별세 0.5%)만 냈다. 같은 액수의 돈을 같은 금리의 상품에 넣어도 이자 소득에서 빠져나간 세금의 규모가 다르니 모은 액수도 차이가 난 것이었다.

"너희들이 경험한 게 바로 '세테크'야. 적금을 든 기간이 1년 밖에 안 되니 1만~3만 원 가량 차이가 난 거지. 만약 아무것도 모르고 10년간 적금을 부었다면 일반적금인 지윤이와 비과세인 아진이의 종잣돈은 무려 276만 원이나 벌어졌을 거야."

늦기 전에 '한정판 절세상품'을 누려라

'있는 듯 없는 듯'
−〈적금 이자〉

'다양하고 푸짐하고'
−〈세금〉

하상욱 시인의 글 두 편은 세테크의 중요성을 정확히 집어낸다. 존재감이 미미한 예·적금 금리와 날이 갈수록 몸집을 불리는 세금에 대한 이야기는 2016년 대한민국을 살고 있는 많은 청년들이 공감하는 내용일 것이다. 30~40년 가까이 일을 하며 중·장년층이 된 후에는 세테크의 필요성이 더욱 커질 것이다. 지금이야 버는 돈이 적으니 따져볼 세금이 많지 않지만 나이를 더 먹어 내 집을 마련하고 자녀가 생기면 취득세, 상속세, 재산세, 종합부동산세 등 따져봐야 할 세금의 종류가 점점 더 많아진다. 나중에 몸집을 불릴 세금을 마주하기 전, 지금부터 본격적으로 세테크를 시작해야 한다. 세테크의 시작은 '절세상품'과 '연말정산'이다.

요즘 소비자들 사이에서는 '한정판'이 인기다. 모두가 누릴 수 없는 특별한 느낌을 주는 한정판이라는 딱지가 금융시장의 절세상품에도 붙어있다. '세상에 공짜는 없다'고, 절세 혜택을 보장해준다니 뭔가 뒤통수를 칠 반전이 있을 것 같지만 한정판 절세상품은 정부가 서민들의 자산 형성을 돕기 위해 만든 것이다. 물론 "혜택이 미미하다", "의무 가입 기간이 길다" 등등 이들 상품에 대한 불만의 목소리도 들린다. 그렇지만 정부에서 마련한 이 절세상품들은 세테크를 이야기할 때 빠뜨릴 수 없는 존재다.

'재형저축', '소득공제장기펀드(이하 소장펀드)', '개인종합자산관리계좌(ISA, Individual Savings Account)', '해외주식투자 전용펀드' 등이 바로 그 주인공이다. 아마 경제기사 좀 읽어본 사람들에게 재형저축과 소장펀드는 익숙한 이름일 것이다. 재형저축과 소장펀드는 대표적인 세테크 상품으로 손꼽혀왔다. 세테크에 대해 이야기할 때 짧게라도 소개해줄 필요가 있는 상품이지만 이제는 아무리 떠들어봐야 소용없다. 2015년 두 상품에 대한 판매가 종료됐기 때문이다. 여기에 아름 씨의 통장을 불려줬던 '세금우대종합저축'은 기존과는 다른 모습으로 변신했다. 기존의 세금우대종합저축은 20~59세가 1,000만 원 한도로 가입할 수 있었지만 고령층을 위한 상품으로 새 옷을 갈아입었다. 가입 연령은 매년 한 살씩 올라가 2016년에는 만 62세 이상, 2019년은 65세 이상으로 높아진다. 기존 청년들을 위한 절세 혜택은 사라진 셈이다.

그렇다고 한정판 절세상품은 이제 우리와 관련 없는 이야기라고 치부하면 오산이다. 2016년 새로운 한정판 상품이 등장했기 때문이다. 많은 사람들이 이 상품을 가리켜 '만능통장'이라고 부른다. 혹하게 만드는 별명을 가진 주인공은 바로 개인종합자산관리계좌(이하 ISA)다. 이 상품은 예·적금, 펀드, 파생결합증권 등 다양한 금융상품을 택해 하나의 계좌로 관리할 수 있다[그림❺]. 만능통장이란 별명이 붙은 이유도 여기에 있다. 하나의 계좌로 관리할 수 있다는 것도 좋지만 ISA의 가장 큰 매력은 절세 혜택이다. ISA는 계좌에 담긴 상품의 이익과 손실을 따져 순수익 200만 원까지는 세금을 내지 않아도 된다. 200만 원을 넘길 시에는 초과분에 대해 9.9%가 분리과세된다.

예시를 통해 보면 쉽게 이해할 수 있다. ISA를 통해 펀드에 월 50만

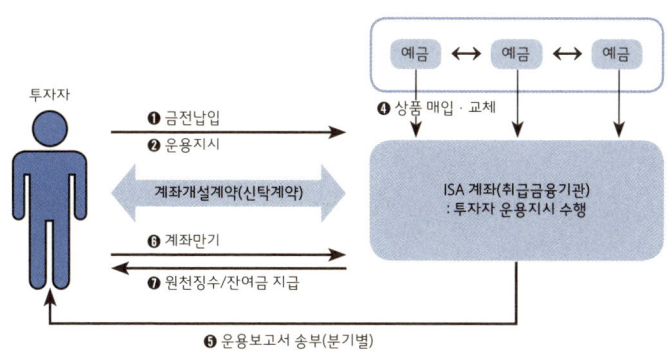

그림❺ ISA 운용 방법 〈자료참고: 머니위크〉

원, 파생결합증권에 50만 원씩을 넣었다고 가정해보자. 1년 뒤 펀드로 300만 원의 이익을 냈지만 파생결합증권으로는 50만 원 손실을 봤다. 순수익으로 250만 원을 얻게 된 셈이다. 순수익 200만 원까지는 세금을 내지 않아도 되니 나머지 50만 원에 대해서만 9.9%의 세금을 내면 된다. 250만 원의 이익에 대한 세금으로 총 4만 9,500원을 내면 되는 것이다. 이를 현재 적금 상품에 적용해 따져보자. 적금의 경우, 이자로 돈을 벌면 수익의 15.4%가 세금으로 부과된다. 만약 일반 적금으로 250만 원의 수익을 얻었다면 세금으로 38만 5,000원을 내야 한다는 뜻이다. 직접적인 비교는 힘들지만 ISA 계좌로 절세 혜택을 받은 것보다 8배가량 더 많은 세금을 뱉어내야 하는 것이다.

그렇다면 이 솔깃한 혜택을 누가 누릴 수 있는 것일까. 소득이 있는 사람이면 누구나 가입할 수 있다. 단, 재테크를 해서 얻은 수익이 연간 2,000만 원을 넘으면 안 된다. 물론 단점도 있다. ISA 계좌를 만들면 5년간 계좌를 깰 수 없다. 일부 금융상품에는 이와 같이 절대 준수해야 할 의무기간이 있는데 ISA의 경우는 5년이다. 즉, 갑자기 결혼 날짜가 잡혔다거나 좋은 조건의 집이 나왔다거나 혹은 생각지도 못했던 사고를 당해 수술비가 필요해도 ISA 통장은 깰 수가 없다는 말이다. 최근 위와 같은 경우를 감안해 15~29세 또는 총 급여 5,000만 원 이하 근로자나 종합소득 3,500만 원 이하 사업자의 의무 가입기간을 3년으로 줄였다. 이와 함께 참고해야 할 사실은 ISA 가입기간은 2018년 12월 31일까지 3년간만 가능하다는 점이다.

2016년 '해외주식투자 전용펀드(비과세 해외펀드)'도 ISA와 함께 한정판 절세상품 대열에 합류했다. 비과세 해외펀드가 부활한 것은 2007

년 이후 9년 만이다. 이 상품은 해외상장주식에 60% 이상 투자하는 펀드에서 얻은 수익(주식매매·평가차익·환차익)에 비과세 혜택을 제공한다. 기존 해외펀드의 경우, 만약 100만 원의 투자 수익을 얻었다면 15만 4,000원의 세금을 내야 한다. 따지고 보면, ISA보다 세금 혜택이 크다. ISA의 경우 세제혜택을 받을 수 있는 최대 금액과 기간은 각각 200만 원, 5년인데 비해 비과세 해외펀드는 금액에 한도가 없고 기간도 10년이다. 누구나 가입할 수 있으며 1인당 3,000만 원까지 투자 가능하다. 가입기한은 2017년 12월 31일까지이다.

2535세대 청년들은 ISA와 비과세 해외펀드를 비롯해 앞서 소개한 노후상품 연금저축·개인형 퇴직연금(IRP), '내 집 마련 도우미' 주택청약종합저축 등으로도 절세 혜택을 누릴 수 있다.

세테크의 꽃, 연말정산

직장인들은 매달 월급을 받을 때마다 '근로소득 간이세액표[표❹]'에 따라 근로소득세를 낸다. 1년치 총 급여에 대한 정확한 소득세는 이듬해 초에 계산한다. 실제 부담할 세액이 이때 결정되는 셈이다. 이를 '연말정산'이라고 한다. 더 많은 세금을 냈으면 그만큼을 돌려주고, 적게 냈으면 더 징수한다. 정산 후 환급금을 돌려받는 직장인들에게는 '13월의 보너스'가 생기지만, 세금을 더 내야하는 이들에게는 '13월의 빚'이 된다. 13월의 보너스를 얻으려면 어떻게 해야 할까.

인터넷 매체 기자 김민석 씨(29)는 매년 초 연말정산 전쟁에서 승리의 웃음을 짓는 직장인이다. 2015년 연말정산에서는 마이너스를 플러스로 바꾸는 기적을 만들기도 했다. 그의 '13월의 보너스'가 운이 아닌

구분	계 산 방 법				
연간 총 급여액	월 급여액(비과세소득 제외)이 속한 급여구간의 중간 값 ×12개월				
근로소득공제	총급여액		공제액			
	500만 원 이하		총 급여액의 100분의 70		
	1,500만 원 이하		350만 원 + 500만 원을 초과하는 금액의 100분의 40		
	4,500만 원 이하		750만 원 + 1,500만 원을 초과하는 금액의 100분의 15		
	1억 원 이하		1,200만 원 + 4,500만 원을 초과하는 금액의 100분의 5		
	1억 원 초과		1,475만 원 + 1억 원을 초과하는 금액의 100분의 2		
근로소득금액	= 연간 총 급여액 - 근로소득공제				
인적공제	• 기본공제 : 공제대상가족 1명당 150만원 • 기본공제대상의 자녀가 있는 경우 공제대상가족의 수 = 실제 공제대상가족의 수 + 20세 이하 자녀의 수				
연금보험료공제	[월 급여액(비과세소득 제외)이 속한 구간의 중간 값(천 원 미만 절사)×4.5%]*×12개월 다만, 월 급여액(비과세소득 제외)이 국민연금 기준 소득월액 하한(250,000원) 이하이거나 상한(3,980,000원) 이상인 경우 다음의 공제금액을 적용 -(연금보험료 공제금액 하한)250,000×4.5%×12개월=135,000원 -(연금보험료 공제금액상한)3,980,000원×4.5%×12개월=2,149,200원 * 원단위 이하 절사				

특별 소득공제 등		1개월 이내	1개월 초과~1년 미만	1년 이상~2년 미만	1년 이상~2년 미만	2년 이상
	3,000만 원 이하	310만 원 +연간 총 급여액의 4%	360만 원 +연간 총 급여액의 4%	500만 원 +연간 총 급여액의 7%	+연간 총 급 여액 중 4천 만 원을 초과 하는 금액의 4%
	3,000만 원 초과 4,500만 원 이하		310만 원 +연간 총 급여액의 4% -연간 총 급여액 중 3천만 원 초과 금액의 5%	360만 원 +연간 총 급여액의 4% -연간 총 급여액 중 3천만 원초과 금액의 5%	500만 원 +연간 총 급여액의 7% -연간 총 급여액 중 3천만 원초과 금액의 5%	
	4,500만 원 초과 7,000만 원 이하		310만 원 +연간 총 급여액의 1.5%	360만 원 +연간 총 급여액의 2%	500만 원 +연간 총 급여액의 5%	
	7,000만 원 초과 1억2,000만 원 이하		310만 원 +연간 총 급여액의 0.5%	360만 원 +연간 총 급여액의 1%	500만 원 +연간 총 급여액의 3%	

과세표준	= 근로소득금액 - 인적공제 - 연금보험료공제 - 특별소득공제 등	
산출세액	총급여액	공제액
	1,200만 원 이하	과세표준의 100분의 6
	4,600만 원 이하	72만 원 + 1,200만 원 초과금액의 100분의 15
	8,800만 원 이하	582만 원 + 4,600만 원 초과금액의 100분의 24
	1억5천만 원 이하	1,590만 원 + 8,800만 원 초과금액의 100분의 35
	1억5천만 원 초과	3,760만 원 + 1억5천만 원 초과금액의 100분의 38
근로소득 세액공제	산출세액	공 제 액
	50만 원 이하	산출세액의 100분의 55
	50만 원 초과	27만5천 원 + 50만 원을 초과하는 금액의 100분의 30
	※ 간이세액표 상 근로소득세액공제 한도 • 총 급여액이 5천 500만 원 이하인 경우 : 66만 원 • 총 급여액이 5천 500만 원 초과 7천만 원 이하인 경우 : 63만 원 • 총 급여액이 7천만 원 초과하는 경우 : 50만 원	
결정세액	= 산출세액 - 근로소득세액공제	
간이세액	= 결정세액 ÷ 12개월(원단위 이하 절사)	

표㉔ 근로소득 간이세액표 산출방법 〈자료출처: 국세청〉

실력이라는 것을 입증한 사건이었다. 김 기자는 당초 20만 원 가량을 뱉어내야 했지만, 이의신청을 통해 오히려 환급금을 받게 됐다. 반전까지 일으킨 연말정산 달인의 비결을 뜯어보자면 이렇다.

첫손으로 꼽는 연말정산 비법은 '체크카드 사용'이다. 그는 계산대 앞에서 3초간 고민하기를 실천하고 있다. 3초 동안 무슨 카드로 결제할지를 정한다. 그날 선택받을 카드는 계산할 금액과 총사용금액에 따라 달라졌다. 신용카드와 체크카드의 사용금액에 따라 연말정산 소득공제액이 달라질 수 있기 때문이다. 신용카드와 체크카드 등의 소비액이 총급여액의 25%를 초과하면 소비한 금액의 일정 비율을 돌려받는다. 신용카드의 소득공제율은 15%에 불과하지만 체크카드는 30%로 두 배 더 높다.

총 급여가 2,500만 원인 김 기자는 지난해 12월 31일을 일주일 앞두고 총 급여의 25%인 625만 원을 썼다. 이후 겨울휴가 비용 100만 원을 더 결제할 일이 생겼는데, 이때 꺼내든 카드가 바로 체크카드였다. 100만 원을 신용카드로 결제하면 소득공제액은 15만 원이지만 체크카드를 사용하면 30만 원이 된다는 것을 고려한 선택이었다.

또한 그는 현금으로 계산할 때 현금영수증을 잊지 말아야 한다고 강조한다. 현금영수증의 소득공제율 30%를 챙기기 위해서다. 술에 취해 양팔을 다른 사람들에게 맡긴 상태에서도 '현금영수증'을 외쳐야 한다는 것이 김 기자의 조언이다.

다음은 김 기자의 아픈 손가락, 월세다. 여자친구에게도 하지 못하는 이야기지만 연말정산 때면 국세청에 당당하게 밝히는 사실이 있다. "총급여가 7,000만 원 이하이고, 13평짜리 월세방에 삽니다." 연봉 7,000

만 원 이하의 직장인이 전용면적 85㎡ 이하의 주택이나 오피스텔에서 월세로 살고 있다면 월세의 10%, 최고 75만 원을 세액공제 받을 수 있다. 김 기자는 매달 50만 원씩 내고 있는 월세에 대한 세액공제로 총 60만 원(50만 원×12개월×세액공제율 10%)을 돌려받았다.

소득공제 금융상품도 화려한 연말정산 성적표의 숨은 공신이다. 소득공제는 수익이 있으면 '소득세'란 것을 내야 하는데, 이때 과세 대상이 되는 소득 중에서 일정액을 공제해주는 것을 말한다. 김 기자가 가입한 대표 소득공제 상품으로는 주택청약종합저축과 소장펀드가 있다. 총 급여가 7,000만 원 이하인 무주택자가 주택청약종합저축에 가입하면 저축 납입액의 40%까지 소득공제 혜택을 받을 수 있다. 소득공제 한도는 연 120만 원에서 240만 원으로 확대됐다. 정부가 '판매 종료'를 외치기 전에 소장펀드에 가입한 그는 소장펀드 투자액의 40%, 최대 240만 원까지 소득공제 혜택을 받고 있다.

마지막은 지난해 연말정산에서 반전을 이끌었던 열쇠, '부양비'와 '의료비'다. 김 기자는 전라남도 보성 노동면에서 1남 2녀 중 막내아들로 태어났다. 부모님이 느지막이 아들을 낳아 온 가족의 사랑을 독차지하며 자랐다는 이야기는 그의 '술자리 18번 에피소드'다. 18번 에피소드에 이어지는 것은 시골에 계신 연로한 부모님의 생활과 건강 걱정이었다. 그의 부모 사랑은 연말정산 시즌에 더욱 강해진다. 부모님과 따로 살고 있지만 부양가족으로 등록해놨기 때문이다. "부모님이 60세 이상이고, 연간 소득액이 100만 원 이하면 소득공제 대상이 돼. 소비가 많으면 공제되는 금액도 늘어나니, 부모님을 부양가족으로 올려놓는 것이 좋지. 연말정산 시즌만 되면 마음이 저릿해. 세월이 흘러 이제 내가 부모님을 부양하게 됐으니 말이야."

연말정산 결과를 결정적으로 뒤바꾼 것은 부모님이 쓴 의료비였다. 연말정산 시, 본인뿐만 아니라 부양가족인 부모님이 사용한 의료비도 세액공제를 받을 수 있다. 의료비가 총 급여액의 3%를 넘을 경우, 초과한 금액에 대해 700만 원 한도로 공제해준다. 다만 65세 이상 고령자, 장애인의 의료비는 한도 없이 소득공제가 가능하다. 또 어머니의 보청기와 김 기자의 콘택트렌즈 구입비에 대한 공제를 받은 것도 13월의 빚을 보너스로 만들었다. 그는 미리 소득공제 대상에 포함되는 의료비를 확인하고, 안경점에서 소득공제용 영수증을 끊었다. 의료비는 미용 및 성형 수술, 건강증진을 위한 의약품 구입비용을 제외하고 소득공제를 받을 수 있다. 여기에 치료용 한약이나 시력보정용 안경도 공제 대상에 포함된다.

결혼,
선택 아닌 포기

초저출산국이 된 대한민국

    아버지의 퇴직 계획에 대해 듣게 된 것은 얼마 전, 설 연휴 때였다. 아버지는 오랜만에 식탁에 모인 가족들을 앞에 두고, "학교에서 얼마나 더 일할 수 있을지 모르겠다"며 말문을 열었다. 아버지는 고등학교 교사다. 대기업을 그만두고 나올 정도로 교사 일을 사랑했던 아버지가 퇴직에 대해 말을 꺼낸 것은 이번이 처음이었다. 현재 교사의 정년은 만 62세로, 아버지에게는 퇴직이 8년이나 남은 먼 이야기라고 생각했다. 그런데 아버지는 퇴직시기가 길어도 2~3년 후일 것으로 내다봤다. 덤덤한 척 이야기를 들었지만 아버지의 퇴직 이야기는 다소 충격적이었다. 스물넷에 결혼한 아버지는 또래 친구들의 아버지보다 젊은 편이었기 때문이다.

아버지가 정년을 채우지 못하는 배경에는 생각지도 못한 사실이 있었다. 정년까지 못 있게 압박을 주는 것도, 다른 선생님들과 갈등이 있는 것도 아니었다. 물론 학교 재정사정이 어려워진 것도 아니었다. 이유는 '학생이 없어서', 그 한 가지였다. 학생 수가 점점 줄어들어 2017년부터는 해마다 2개 학급을 줄여야만 하는 상황에 처해 있다고 했다. 현재 한 반에 35명 정도의 학생이 있는데, 교육청에서는 앞으로 학년별 학생 수가 약 70명 정도 줄어들 것으로 예상했다. 학생 수가 계속 감소해 학급 수까지 조정해야 하는 상황이다 보니 교직원 역시 그 대상이 되었다. 기존 교사들을 쫓아낼 수 없으니 학교에서는 신입 교사를 뽑지 않고 있었다. 아버지의 입장에서는 부담을 느낄 수밖에 없는 상황이었다.

산골짜기 시골 학교가 아닌 서울 한복판에 있는 고등학교의 이야기다. 초등학교에 입학하는 학생 수가 줄어들고 있다는 뉴스는 자주 접했지만 이제는 중학교, 고등학교까지 학생 수 감소 현상이 일어나고 있는 것이다. 저출산의 여파는 여기까지 거슬러 올라왔다. 그만큼 대한민국의 저출산 현상은 매우 심각하다. 정확히 이야기하자면, 저출산 사회를 넘어 '초저출산 사회'에 들어섰다.

1960년 부모님 세대가 태어나던 때는 출산율이 6.2명에 달했다. 큰아버지, 작은아버지, 고모, 이모, 삼촌 등 우리가 명절 연휴에 한 번씩은 부르게 되는 아버지와 어머니의 형제들이 많은 이유도 여기에 있다. 이후 1970년 평균 4.53명이었던 출산율은 '많이 낳아 고생 말고 적게 낳아 잘 키우자'는 구호 아래 산아제한 정책을 홍보한 이후, 1980년 2.83명으로 뚝 떨어졌다. 그렇게 계속 하락하다가 2001년에는 초저출산 기준선인 1.3명으로 줄어들었고, 2016년 현재 1.2명 수준의 출산율을 이어가고 있다. 이는 경제협력개발기구(OECD) 국가 가운데 최하위 수준이다.

한국에서 점점 더 아기 울음소리를 듣기가 어려워지고 있다. 텔레비전 속 삼둥이, 오둥이 아기들이 연예인인 부모보다 인기를 끄는 이유도 이와 무관치는 않은 듯하다. 대한민국에서 아기를 낳지 않는 이유는 간단하다. 청년들은 현재 연애를 할 수 있는 여유가 없고, 그러다보니 결혼도 미루거나 포기하게 된다. 또 결혼을 했더라도 맞벌이 부부가 대부분인 현실에서 출산과 육아는 쉽지 않은 도전이다. 한마디로 정리하자면, '연애 → 결혼 → 출산'으로 이어지는 인구재생산 구조가 붕괴됐다.

연애하지 않는 청춘들

> 비틀비틀 걸어가는 나의 다리
> 오늘도 의미 없는 또 하루가 흘러가죠
> 사랑도 끼리끼리 하는 거라 믿는 나는
> 좀처럼 두근두근 거릴 일이 전혀 없죠

2015년 여름 길거리 상점들에서 흘러나오던 가수 '혁오' 밴드의 〈위잉위잉〉 가사 일부다. 사랑도 끼리끼리 하는 것이라고 말하는 이 남자들은 어떤 예쁜 여자를 만나도 그렇게 두근거리지 않는단다. 청년들에게 사랑의 낭만은 사라진 지 오래다. 영화 〈내 머리 속의 지우개〉에서처럼 목수인 청년(물론 그 역할을 맡은 배우가 정우성이란 것은 함정)과 부잣집 여대생이 사귀게 되는 것은 이제는 정말 영화 속 이야기가 된 것 같다. 청년들이 취업과 관련해 들이대던 '수저계급론'은 이제 연애라는 밥상 위에도 올라와 있다.

성인남녀 10명 중 8명은 '연애도 돈이 있어야 가능하다'고 생각하고 있다. 그럴 만도 하다. 여의도 불꽃축제를 가려고 해도 돗자리를 사고 치킨 먹을 돈이 있어야 하고, 적어도 최신 영화 한두 편은 봐줘야 데이트다운 데이트라고 말할 수 있으니 말이다. 시장조사전문기업 트렌드모니터가 전국의 만 19~59세 남녀 2,000명을 대상으로 조사한 결과다. 연애도 돈이 있어야 한다고 대답한 비율은 20대와 30대 사이에서 더 높게 나타났다. 20대의 83.2%가, 30대의 84%가 연애에 있어서 돈은 필수라는 인식을 갖고 있었다. 전체의 29.4%는 "연애에 들이는 돈으로 자기계발을 하는 것이 더 낫다"며 연애에 부정적인 인식을 드러내기도 했다.

스스로를 챙기기에도 여유가 없는 청년들에게 연애는 그저 '사치'다. 이러한 기류로 인해 최근 연애와 관련된 이야기에서 '철벽'이란 단어를 쉽게 찾아볼 수 있다. 경제적으로나 시간적으로나 연애에 투자할 바에는 자신의 장래를 위해 쓰겠다고 말하는 청년들이 많아졌다. 이로 인해 연애는 거부하고 보는 철벽 자세는 이제 대한민국 청춘사의 한 트렌드가 됐다.

주머니가 가벼운 청춘들에게는 '자격 없음'이라는 딱지가 붙어 있다. '연애할' 자격 말이다. 얼마 전만 해도 학벌, 재산, 직장 등 조건을 따져 이성을 소개시켜주는 결혼정보업체들을 보며 씁쓸해 했다. 그런데 최근 잇따라 등장한 소개팅 애플리케이션도 조건부 만남을 주선한다. 대기업에 재직 중인 사원들만 가입할 수 있는 소개팅 앱까지 나와 있다. 안정적인 일자리가 없으면 소개팅도 못 하는 시대다. 이렇게 연애할 자격이 필요한 이들에게 대안으로 등장한 것이 '썸'이다. 개인마다 썸의 기준은 다르지만 호감과 사랑의 중간 단계로 정의할 수 있다. 썸이 반드시 연인관계로 이어지는 것은 아니다. 두 사람이 같이 서서히 멀어지거나 한쪽이 마음을 접으면 그대로 관계는 끝이 난다. 썸이란 애매모호한 관계를 몇 년씩 지속하는 경우도 있다. 연인관계가 아니기 때문에 서로에 대한 책임감이 없지만 밀고 당기는 짜릿함과 설렘을 느낄 수 있다. 나약하고 이기적이지만 부담이 없다. 청년들이 썸에 열광하는 이유다. 이 관계는 사랑의 한 방식으로 자리를 잡았다.

그래서일까 막상 연애시장에 뛰어들어도 청춘들은 참 서툴다. 연애를 시작하기 위해서는 시간과 돈 등의 여러 가지 기회비용이 든다. 상대방의 마음을 얻기 위해 쏟아붓는 갖가지 노력이 기회비용에 포함될 수 있다. 물론 이렇게 해도 마음을 받아주지 않는 경우가 많다. 또 연애를 하는 와중에는 마음이 식기 전에 이별통보를 받기도 한다. 친구들과 진탕 술을 마시거나 이불 속에서 펑펑 울며 시행착오를 겪는다. 그런데 요즘 청년들에게 무언가를 투자해야 하고 책임이 따르는 연애는 부담스럽다. 그래서 가벼운 썸의 관계에 익숙해져 있고, 연애에 대해서도 빨리 결론을 내리고 한다.

2535세대의 이러한 심리를 제대로 저격한 TV 프로그램이 (최근 폐지된) JTBC 〈마녀사냥〉이다. 호감이 있는 사람과 겪었던 일을 사연으로 보내면 방송 패널들이 연애 코치를 해주는 방송이다. 패널들은 사연 속 썸남썸녀가 한 행동과 말에 담긴 의미를 분석한다. 상대방도 호감을 갖고 있다는 결론이 나면 '그린라이트'를 켠다. 직진해도 된다고 등을 떠밀어주는 것이다. 방송의 주 타깃인 20~30대가 보내오는 사연은 가지각색이다. 낯 뜨거운 잠자리 이야기를 공개하는 것도 서슴지 않고, 연인과 헤어질지 말지도 정해달라고 요청한다. 연애는 지극히 사적인 영역으로 답이 없다. 그렇지만 기회비용과 책임이 부담스러운 청년들에게는 연애의 답안지까지 필요하다.

청춘의 발목을 잡는 '돈돈돈'

연애시장에 진출하는 청춘이 줄어들다보니 결혼시장에는 더욱 흉년이 졌다. 혼인 건수는 4년 연속 감소세를 이어갔다. 통계청에서는 2015년 1~11월 사이 국내 혼인 건수가 26만 9,600건으로 집계됐다고 발표했다. 이는 11년 만에 최저치를 기록했던 2014년보다 적은 수치다. 같은 해 통계청은 베이비붐 세대(1955~1963년생)의 자녀인 '에코 세대(1979~1992년생)'를 대상으로 결혼에 관한 설문조사를 진행한 바 있다. 이 조사에서 청년 2명 중 1명(49.8%)만이 '결혼을 반드시 해야 하거나 해도 좋다'고 생각하는 것으로 나타났다. 청년들을 대상으로 한 설문조사 결과들은 속속 사회지표로 현실화되고 있다.

대한민국 청년들이 결혼을 꿈꾸는 데 방해가 되는 가장 큰 걸림돌도 '돈'이다. 주변에 각양각색의 사연들을 가진 수많은 커플들이 있지만 단 한 번도 예상을 벗어나지 않고 똑같이 겪는 일이 있다. 바로 '혼수 갈등'이다. 혼수를 준비하면서 남자와 여자의 통장이 낱낱이 까발려지는 시점이 되면 어김없이 신경전이 시작된다. 숟가락 하나부터 같이 살 집까지 새로운 살림을 차려야 하는 수많은 결정 과정에서 당연히 갈등은 생길 수밖에 없다. 그런데 '무엇을 선택하느냐'보다 '무슨 돈으로 장만하느냐'가 더 큰 갈등의 원인이다. 실제 혼수와 관련된 숫자는 상상 그 이상이고, 마이너스 출발선에 선 대한민국 청년들이 감당할 수 있는 수준이 아니다. 갈등이 안 생기려야 안 생길 수가 없는 현실이다.

웨딩컨설팅업체 듀오웨드가 최근 2년 안에 결혼한 남녀 1,000명을 대상으로 조사한 결과, 신혼부부가 결혼할 때 드는 비용은 평균 2억 7,400만 원에 달했다. 그중 갈등의 시초가 되는 예물과 예단, 혼수용품에만 5,286만 원 가량의 비용이 든다. 하이라이트는 총 결혼비용의 70% 가까이를 차지하는 주택 자금이다. 주택에 드는 비용은 1억 9,174만 원으로 2억 원에 육박했다. 이는 2013년보다 2,339만 원, 약 13.9%가 늘어난 수준으로 전체 결혼 비용 상승을 이끌었다[그림❻]. 어느 특정층의 결혼 비용이 아니라, 식장에 들어가기 전 대한민국 커플들의 '평균치'다. 이를 두고 일부 언론에서는 "결혼 비용이 우주여행비(2014년 한 영국 우주여행업체가 우주여행 비용으로 제시한 금액이 2억 5,000만 원이었다)보다 비싼 대한민국"이라고 꼬집었다.

돈 이외에 청춘들의 연애와 결혼을 방해하는 장애물은 바로 시간이다. 취업난으로 스펙 쌓는 시간, 일자리를 찾아 헤매는 시간이 길어지

그림❻ 2016 결혼비용 실태 보고서 〈자료출처: 듀오웨드〉

면서 청춘들은 연애를 포기한다. 일자리를 구하면 본격적인 시간과의 전쟁이 시작된다. 대한민국의 법정 근무시간은 하루 8시간이지만, 실상 '9 to 6(9시 출근, 6시 퇴근의 의미)'가 가능한 직장을 찾는 것은 3대가 덕을 쌓아야 가능한 일인 듯 싶다. 출근시간이 9시라는 것은 9시 전에 출근해야 한다는 뜻이고, 퇴근시간은 알 수 없는 것이 현실이다. 회사는 오후 6시에 퇴근할 수 있을 만큼의 업무량을 주지 않는다. 야근, 주말 특근, 연휴 당직 등 쉬지 못하게 하는 이름도 다양하다. 공무원이나 대기업 사원이나 중소기업 직원이나 피곤에 절어 있는 것은 매한가지다.

이러니 연애할 시간도, 결혼을 준비할 시간도 없다. 모든 난관을 뚫고 결혼에 골인했다고 해도 자녀를 낳고 돌볼 시간이 청년들에게는 없다. 그런데 신기한 것은 이렇게 일을 해도 돈을 모으기가 힘들다는 사실이다. 2015년에 공개한 KB국민은행 보고서를 보면, 평균 소득의 직장인이 서울에서 살 집을 마련하려면 월급을 한 푼도 안 쓰고 9.4년을 모아야 한다. 이 때문에 대한민국 청년들은 밤낮없이 일해도 가난하다. 한국보건사회연구원의 조사는 이러한 청년들의 현실을 여실히 보여준다. 미혼층에게 아직까지 결혼하지 않은 이유를 질문한 결과, 전체의 35.9%는 '자기발전 등을 위하여'라고 답했다. 이어 '기타(24.9%)', '집 장만이 어려워서(14.8%)', '고용이 불안정해서(12.7%)' 등의 순이었다. 성별로 남성은 고용 불안정이나 주택마련 곤란으로 결혼하지 않았다고 응답한 비율이 상대적으로 높았고, 여성은 결혼생활과 일의 동시 수행 곤란, 자기발전을 위해 결혼하지 않았다고 답한 이들이 많았다.

인구절벽, 벼랑 끝에 서다

'연애 → 결혼'으로 이어지는 인구재생산 연결고리가 약해지면서, 다음 단계인 출산으로 가는 길은 더 멀고 험해졌다. 앞서 지적한 것처럼 한국은 초저출산국이다. 그런데 이보다 더 큰 문제는 초저출산 현상이 앞으로도 계속될 수 있다는 점이다. 현재까지 약 15년 동안 지속되고 있는 초저출산 현상이 향후 더욱 악화될 기운이 감지되고 있다. 초저출산 현상이 장기화되면 결국 우려하던 상황, '인구절벽'에 맞닥뜨릴 수밖에 없다.

인구절벽은 소비·노동·투자하는 사람들이 사라진 세상을 말한다. 인구절벽에 가까이 갈수록 경제를 이끌어가는 생산가능인구가 줄어들고 고령화 속도도 빨라진다. 이로 인해 국민연금, 건강보험 지출 등 사회보장 부담이 커지고 일자리는 감소한다. 소비가 줄어드니 내수시장이 위축되고, 저성장과 결핍의 상황은 더욱 악화된다. 경제학자 해리 덴트 Harry Dent는 '한국은 2018년 이후 인구절벽 아래로 떨어지는 마지막 선진국이 될 것'이라고 예상했다. 덴트의 전망이 맞는다면, 인구절벽까지는 2년밖에 남지 않았다.

이에 정부는 신혼부부 맞춤형 주택 공급, 무상보육 등 지난 10년간 80조 원이 넘는 예산을 쏟아부었지만, 출산율은 세계 최저 수준을 벗어나지 못하고 있다. '수요'는 많은데 '공급'은 턱없이 부족해 청년들에게 제대로 와닿는 정책이 없었다. 실제 한국보건사회연구원이 발표한 〈저출산·고령사회 대응 국민 인식 및 욕구 모니터링〉 보고서를 보면, 성인 10명 중 9명이 정부의 저출산 정책에 부정적인 인식을 갖고 있었다. 응답자의 2.5%만이 어느 정도 효과가 있다고 답했다.

상사의 눈총을 받으며 둘째를 낳으러 간 선배도 정부의 정책에 불신을 표했던 2535세대 중 한 명이다. 둘째를 낳고 회사에 복귀한 선배는 6개월 출산휴가를 내는 것부터 육아까지 뭐 하나 도움되는 것이 없었다고 토로했다. 육아휴직을 낼 자신이 없었던 선배는 정부가 지원하는 '아이돌봄서비스'를 신청했지만, 차례가 돌아오기까지는 한참의 시간이 필요했다. 당장 회사로 복귀해야 하는데 아이를 맡길 곳은 없었던 그녀에게 남은 선택지는 딱 세 가지였다. 선배가 일을 그만두거나 남편이 회사를 나오는 방법, 그리고 노쇠한 부모님께 손을 벌리는 것. 전세 대출금과 양육비를 부담해야 하는데 누구 하나가 일을 그만두는 것은 어려웠다. 결국 친정 부모님이 있는 경기도로 이사를 갔고, 선배는 왕복 4시간의 출퇴근길을 오가고 있다. 수많은 청춘들은 이 같은 현실을 잘 알고 있다. 뻔히 보이는 힘든 길을 걸어갈 수 있는 청년은 많지 않다. 체감 가능한 정부의 정책이 필요한 이유다.

재무설계,
시작하셨습니까?

서른 살, 3~5년짜리 재무설계는 잠시 접어둬라

우리가 증권팀 기자로 처음 발령 받은 뒤, 가장 먼저 만나고 다닌 취재원은 '재무 컨설턴트(설계사)'였다. 지금까지 모은 돈이 얼마인지도 모르고 있었던 우리가 증권 기사를 써야 한다고 하니, 일단 '돈 굴리는 법'부터 알아둬야겠다 싶었기 때문이다. 솔직히 말하자면 재무 설계사를 만나는 일이 썩 유쾌하지는 않았다. 기승전 '상품추천'으로 빠질 것이 분명하다는 편견이 있었기 때문이다. 하지만 증권팀 선배로부터 "금융상품을 추천 받더라도 네가 선택하면 될 일이니, 얻을 것만 취하면 된다"는 조언을 들은 후, 소위 '용하다'는 재무 설계사 네다섯 명을 찾아 나섰다.

인생의 최초의 재무 컨설팅을 경험하게 되던 날, 여의도의 한 카페에서 만난 재무 설계사는 꽤나 훈남이었다. 그런데 이 '훈훈한' 재무 설계사는 앉자마자 매우 사적인 질문을 쏟아내기 시작했다. "혹시 남자친구 있으세요?", "그 분과 결혼하실 건가요?", "언제쯤 하실 건데요?", "그러면 지금 다니는 직장은 그만두실 건가요?", "그게 아니라면 이직할 생각을 갖고 계신 거예요?" 질문에 대한 대답이 끝날 때마다 폭풍같이 이어지는 질문에 정신없이 끌려가다가도, '내 계획이 이랬던가, 저랬던가' 하며 갸우뚱거리며 시원하게 답하지 못하자 재무 설계사는 '단호박' 같이 정색하고 이렇게 말했다. "결혼 계획이나 이직 목표 등은 중·단기 재무 설계에 큰 영향을 미치는 요인이니, 쉽지 않으시겠지만 지금 같은 시기에는 보다 명확히 해두는 것이 정말 중요합니다." 그렇다. 우리의 삶에서 중대한 터닝 포인트가 되는 결혼·이직 등에 대한 의지나 시점, 계획 등은 재무 설계사 입장에서는 매우 중요한 변수로 작용한다. 고객의 평생 자산관리에 대한 고민을 함께 해야 하는 그들에게 있어 결혼 여부와 이직과 같은 요소들은 최대한 손실을 덜어내며 목돈을 모을 수 있는 방법을 찾아내는 데 중요한 역할을 하기 때문이다.

재무설계는 크게 '단기', '중기', '장기' 세 가지 목표로 구성된다. 많은 사회초년생들이 보험사나 은행, 증권사를 가면 가장 많이 추천받는 것이 장기 상품이다. 갓 취업을 해 앞으로 주야장천 돈을 벌 일만 남았으니 장기적으로 돈을 부을 수 있는 능력이 되고, 오랜 기간 돈을 부어야 그만큼 혜택도 커진다는 이유 때문이다. 틀린 말은 아니다. 10년간 저축하면 높은 금리를 적용하는 적금, 7년 이상 가입을 유지하면 비과세 혜택을 주는 상품 등 장기 상품에는 혜택이 많다.

하지만 사회초년생들의 경우, 장기 상품 가입을 결정할 때에는 아주

신중하게 고민해야 한다. 앞서 '직장 정글만리'에서도 말했듯이 직장인들의 근속연수가 짧아지고 있는 추세이기 때문에 장기간 꾸준히 돈을 넣을 수 있다는 보장이 없기 때문이다. 또한 2015년 기업에 취직한 신입사원 평균 나이가 27.5세임을 감안했을 때, 결혼 및 주거비 마련 등 불가피하게 지출할 목돈이 급하게 필요해지는 경우가 많아 대개 적금 기간을 채우지 못하고 깨야 하는 경우가 많다. 만기일을 채우지 못하고 중도 해지할 경우 해지 위약금, 세금, 또는 수수료 등이 떼이게 되면서 원금 손실을 볼 가능성이 농후하다. 그렇기 때문에 결혼과 이직이 모두 불투명한 상태인 사회초년생들은 장기 상품뿐만 아니라 중기(3~5년)에 해당하는 재무 설계 역시 되도록 잠시 미뤄두는 것이 좋다.

남은 선택지는 하나. 현재 청년들의 상황을 여러모로 고려했을 때 단기 처방전을 받는 편이 오히려 낫다. 당장은 중·장기 상품이 주는 눈앞의 혜택이 많아 보이지만 결론적으로는 아닐 수 있다. 앞서 말했듯 불필요한 원금 손실의 부담이 크기 때문이다. 가장 좋은 케이스는 조금 여유가 있다면 3년 이내의 단기 재테크를 위주로, 노년을 위한 장기 재테크를 곁들이는 것이다. 단기 상품과 장기 상품의 각각 비중을 80대 20으로 놓고 재테크를 진행하는 것이 유리하다. 단기 상품이 만료되면 자연스럽게 중기용 목돈으로 넘어갈 수 있어 중기에 대한 불확실성도 해소할 수 있으니 10년을 넘어가는 장기 상품은 잠시 신경을 꺼 두어도 좋다. 중기 계획은 재직 중 다른 곳에서 스카우트 제의가 들어와 이직을 할 예정이거나, 어느 정도 자신의 앞날을 내다볼 수 있는 때인 경력 3년차부터 세우는 것이 유효하다.

현재 2535세대 청년층 대부분이 미래를 대비하는 재무 설계에 대한

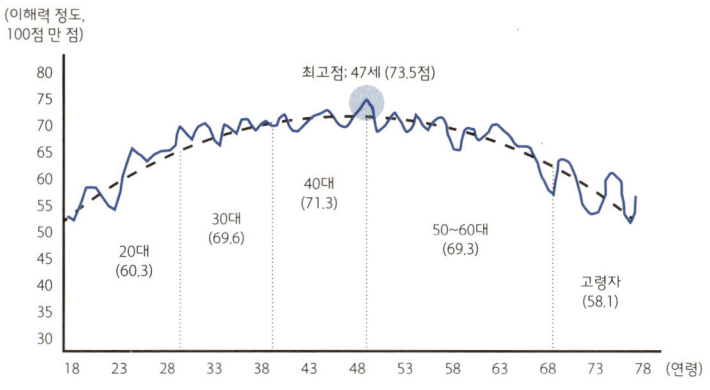

표㉕ 전(全)국민 금융이해력 〈자료출처: 금융감독원〉

인식이 부족한 편이다. 금융감독원에서 2015년 8월부터 12월까지 진행한 '전(全)국민 금융이해력'에 대한 조사에 따르면, 경제활동이 왕성한 40대(71.3점)가 금융이해력 수준이 가장 높은 반면, 20대의 경우는 60.3점으로 30대(69.6점)와 50~60대(69점)보다도 그 수준이 낮은 것으로 나타났다[표㉕]. 물론 지금 당장의 생활을 유지하는 것조차 벅찬 청년들에게 몇 년 후의 삶에 대한 고민이나 준비를 챙길 여유가 없는 것이 사실이다. 그러나 미래를 준비하는 재무 설계에 대한 고민이 없다면, 지금의 빈곤한 삶이 개선될 수 있다는 여지 또한 없어진다.

단기 재테크, 현명하게 하기

사회초년생이 제일 많이 듣는 말은 "월급의 절반은 저축하라"는 이야기일 것이다. 단언컨대 이 조언은 절대 바뀌지 않을 '진리'다. 월급의 절반(혹은 그 이상)을 저축하는 것은 가장 쉬우면서도 정확한 재테크 방법이다. 단기 재테크는 여기에서부터 시작한다. 최근 금리가 낮아져 돈을 불리기가 어려워졌지만 사회초년생에게는 수익률을 높이는 것보다 손실을 줄이는 재테크 방법이 더 적합하다. 예를 들어, 월급 170만 원을 받는다면 월 50만 원을 적금하고, 여윳돈으로 10만 원 가량을 노후를 위한 연금에 넣는 방법을 추천한다. 만일의 상황에 대비해 월 4만 원짜리 의료실비보험에 가입해 놓는 것도 고려해야 한다. 연금과 실비보험은 나중을 위해 지속적으로 들고 가는 것을 추천하는 편이다.

급히 목돈이 필요한 상황이 찾아와도 보험보다는 은행 적금을 해약하는 것이 더 손실률이 낮다. 그렇다면 가장 비중이 높은 적금은 어떤 은행에서 가입해야 할까. 직장 근처에 있는 제1금융권 은행이 제일 좋다. 제1금융권보다 저축은행의 금리가 높은 편이지만 사회초년생들은 저축액이 적기 때문에 큰 차이가 나지 않는다. 또 대부분의 저축은행은 지점 수가 제1금융권 은행만큼 많지 않다. 그래도 저축은행에서 가입할 것을 염두에 두고 있다면 해당 은행의 재무구조를 따져볼 필요가 있다. 저축은행에서도 1인당 5,000만 원까지 예금자 보호를 받을 수 있지만, 만에 하나 은행이 파산하게 되면 돈을 찾는 데 시간이 걸릴 수 있다. 목돈이 급히 필요할 때 이 같은 일이 터지면 손해를 보게 된다. 이것이 저축은행 중에서도 규모가 크고 재무구조가 탄탄한 은행을 선택해야 하는 이유다.

장기 재테크에서 가장 중요한 것은 '현실'

장기 재테크는 신중하게 시작해야 한다. 장기 재테크에 관심을 가지기 시작한 것은 입사 6년차, 결혼 1년차 때에서였다. 30년 뒤에야 받을 수 있는 적금에 지금부터 투자를 한다는 것에는 적잖은 용기가 필요한 일이었다. 일단은 장기 적금에까지 투자할 돈이 없었다. 당장 집을 사려면 언젠가는 목돈이 필요할 텐데 60년 뒤의 안정보다는 5년 뒤의 내 집이 더 급했다. 두 번째는 장기 재테크에 큰 매력을 느끼지 못했다. 더 높은 금리, 소득공제 등의 혜택이 있었지만 중도 해지의 위압감이 더 위협적이었다. 앞으로의 30년 인생에서 '목돈'을 필요로 하는 지점이 너무 많았기 때문이다. 집 장만, 출산, 자녀의 대입과 결혼 등등. 4, 5번이나 장기 재테크 설계에 나섰지만 그때마다 결론은 '연기'. 조금만 더 있다가 정말 여윳돈이 생기면 그때 시작해도 늦지 않겠다는 마음이 들었다.

재테크 전문가들이나 금융 연구소, 금융 기관에서는 '장기 재테크'의 중요성을 강조한다. 최대한 젊을 때부터 장기 재테크에 돌입해야 나중에 받을 수 있는 연금이 많아지며, 혜택도 이렇게나 많은데 왜 들지 않느냐고 조언한다. 그들의 말을 들으면 모두 맞는 말이다. 이론적으로 장기 재테크는 완벽하다. 우리는 연애를 글로 배웠을 때와 실전에 나섰을 때가 얼마나 다른지를 안다. 누군가는 내게 첫 키스할 때는 머리에서 '벨소리'가 울린다고 말했었다. 하지만 현실은 그렇지 않았다. 장기 재테크 역시 마찬가지다. 이론적으로는 모두가 알지만 현실에서는 조심해야 할 부분이 많다. 모아놓은 총알이 충분치 않은 우리들에게 장기 재테크는 어쩌면 '그림의 떡'일 수도 있다.

가장 중요한 것은 현실성이라고 생각한다. 괜히 '호기로운' 마음에 장기 재테크에 돌입했다가 눈물을 훔치며 중도해지서를 작성해야 할 수도 있으니 말이다. 장기 적금의 '역습'은 항상 염두에 두어야 한다. 실제로 절반 이상의 가입자들이 만기를 지키지 못하고 중도에 해지한다. 최근 들어 장기 저축으로 가장 많이 언급되는 연금저축도 마찬가지다. 연금 저축은 소득공제 혜택이 있어 세테크의 주요 수단으로 사용되고는 있지만 금융감독원의 조사에 따르면 10년 전 가입자의 계약 유지율은 58%다. 3대 생명보험사인 삼성, 교보, 한화의 대표 상품으로만 따졌을 때 이 정도니 전체를 합치면 10명 중 6명 이상은 만기를 지키지 못한다는 의미다. 연금저축을 중도 해지할 경우 가입자는 연말정산 세액공제율(13.2%)보다 3.3% 포인트 높은 기타소득세(16.5%)를 내야 한다.

만기를 지킨다고 하더라도 '세금 폭탄'의 위험이 있다. 우리나라는 원칙적으로 1년간 벌어들인 모든 소득을 합산해 '종합소득세'를 매긴다. 세율은 소득구간에 따라 다르다. 1,200만 원 이하는 6.6%, 1,200만 원 초과~4,600만 원 이하는 16.5% 식으로 높아져 최고 41.8%(1억 5,000만 원 초과)까지 올라간다. 사적 연금소득도 '종합소득'에 합산해야 하지만, 국민연금·공무원연금 등 공적연금(종합소득에 포함)을 제외한 사적 연금소득이 1,200만 원 이하일 때는 3.3~5.5%의 '연금소득세'만 원천징수한다. 하지만 1,200만 원을 넘으면 종합소득에 포함시켜 종합소득세율을 적용하기 때문에 16.5~41.8%의 세율이 적용된다. 결국 그냥 통장에 묻어두느니만 못한 '연금저축'이 될 수 있는 것이다. 최근 이 같은 문제점이 불거지면서 금융당국에서도 문제점을 파악하고 있기는 하지만 단기간 내에 반짝이는 해결책이 나올 것으로 보이진 않는 상황이다. 때문에 장기 재테크의 경우엔 돌다리도 두드려보고 건너는 심정으로 접근하는 것이 좋다.

나오면서

서른둘 여기자의
'진짜' 청춘 경제학

— 1 —

엄마 치마 뒤에만 숨어 있던 여자 아이는 여덟 살이 됐다. 이제 빼도 박도 못하게 엄마와 떨어져서 학교에 다니게 됐다. 초등학교 입학식은 당연히 공포의 도가니였다. 처음 경험하는 구속감과 단체생활은 낯설고 두려웠다. 엄마가 교실 뒤에서 지켜보고 있었기에 망정이지 아니면 등교 첫날부터 기겁하고 뛰쳐나왔을지도 모르겠다. 입학식이 끝나자 엄마는 카메라를 들고 내 곁으로 다가왔다. 옆자리 친구와 나의 손을 이끌어 '축입학'이라고 쓰여진 칠판 앞에 나란히 세웠다. 사진 촬영용이었지만 그날 엄마가 아닌 사람의 손을 잡은 것은 그 친구가 처음이었다.

이게 이 책 공동저자의 첫 만남이었다. 그리고 20여 년 뒤 우린 같은 회사 같은 부서에서 근무하게 됐다. 지연·지현으로 이름도 비슷하고, 동갑이어서 우린 거의 '1+1' 세트였다. 해외 출장도, 기획기사 준비도, 술자리 약속도, 심지어 부서 이동도 함께였다. 덕분에 힘들었던 사회 초년생 생활이 꽤나 즐거웠다. 온전히 믿을 수 있는 동료가 있다는 것만으로도 위안이 됐다. 두려웠던 첫 학교생활에서 손을 건넨 그 친구가 더 힘들고 무서웠던 첫 사회생활에서 내 손을 잡아주는 동료가 된 것이다. 남들은 '신기한 인연'이라고 하고, 우리는 '질긴 인연'이라고 한다.

이야기만 들어보면 서로 '소울메이트' 같지만 우린 참 안 맞다. 한 명은 마감시간에 몰아쳐서 끝내는 '벼락치기형'이라면 다른 한 명은 느긋하게 마감 전에 끝내놔야 하는 'FM형'. 같이 일할 때는 서로 으르렁대는 게 일이었고, 각자의 스타일을 인정해 주기까지 꽤 오랜 시간이 걸렸다. 취향도 전혀 다르다. 무채색 vs 파스텔톤, 좋아하는 색깔도 달라 서로의 옷을 보면 손가락질부터 했다. 각자 쇼핑한 것을 펼쳐놓으면 "꼭 지 같은 거 샀다"는 비꼼도 필수였다.

굳이 공통점을 찾자면, 경제매체 기자와는 어울리지 않은 '무(無)재테크족'이었다는 거다. 부끄럽지만 20대의 우리는 재테크를 하게 될 거라고 생각도 못했다. 심지어 재테크 관련 서적을 쓰게 될 것이라고는 꿈도 꾸지 않았다. 월급이 들어오면 학자금 대출을 갚고, 밥 사 먹고, 옷 사 입고……. 그러면 통장이 이전의 상태로 돌아가는 '한 달짜리 생활'을 하고 있었다. 은행에 가본 일은 수습기자 시절 월급을 받기 위해 통장을 만들 때뿐. 경제관념이 전무하니 펀드, 주식 등 재테크에 관심이 없었던 것은 당연한 일이었다.

"일만 열심히 하면 돈은 저절로 모이는 거 아닌가?"

대한민국 2535들이 모두 우리처럼 살아가는 줄 알았다.

현실을 직시하게 된 건 '3'이란 숫자가 가깝게 느껴지면서부터다. 흔히 이야기하는 '결혼 적령기' 대열에 들어서면서 '앞으로 결혼이나 할 수 있을까' '내 집 마련, 가능한 이야기일까' '월급은 왜 항상 스쳐 지나갈

까'란 의문이 꼬리에 꼬리를 물었다. 다행스럽게도 이맘때쯤 우린 함께 증권·금융 부서로 자리를 옮겼다. 한국 금융의 중심, 여의도에서 '돈이 모이는 광경'을 가까이에서 지켜볼 수 있는 기회가 주어졌다. 금융 전문가들과 재테크로 돈 좀 벌었다는 사람들을 만나 치열하게 타자를 두드렸다. 물론 취재한다는 명목으로 그들이 말하는 재테크 비법을 내 것으로 만들기도 했다.

관심이 생기고 파고들어 공부하다 보니 자연스럽게 은행부터 증권사, 투자자문사, 재무컨설팅사까지 재테크와 관련된 곳을 찾는 일도 많아졌다. 이 과정에서 같은 출발선에 섰던 2535세대 청년들이 각기 다른 위치에 있다는 것도 알게 됐다. '0원의 통장'에서 출발했지만 누군가는 300만 원을, 또 다른 누군가는 1억 원의 통장을 들고 서 있었다. 형편없던 우리의 레이스 성적은 공부하고 발품을 팔면서 우상향 곡선을 그렸다. '빨리 알았더라면'이란 아쉬움이 드는 건 어쩔 수 없었다. 여전히 모자란 우리가 재테크 서적을 잇달아 내게 된 까닭도 여기에 있다. 우리와 같은 고민을 하는 청년들이 이런 실수를 반복하지 않길 바랐다. 재테크의 귀재가 10억 원을 번 과정, 신용불량자의 타워팰리스 구매기 등의 '위인전' 같은 이야기와 별다방 커피를 끊으라거나 경제신문을 읽으라는 천편일률적인 조언은 와닿지 않는다. 개인차가 있겠지만 적어도 우린 그랬다. 또 비싼 외제차 드라이버나 '압서방(압구정·서초·방배) 아파트' 거주민이 되고 싶은 마음은 없었다. 맞지 않는 옷을 입고 힘들게 허리띠를 조여 매고 싶지도 않았다. 그저 안정적인 생활을 하면서 현재의 삶을 즐길 수 있는 정도면 '만족'이라고 생각했다. 2535세대 신인류들의 마음도 우리와 크게 다르지 않을 것 같다. 이들에게 우리의 글은 피부로 느껴지는 이야기가 될 것이라 믿는다. 어쩌면 '0원 통장'에서 '0 개수 좀 세어보는 통장'이 된 우리의 사례 자체가 무재테크 시대를 살아가는 청춘들에게 위안이 될지도 모르겠다.

— 2 —

매일이 불안했던 취준생 신분, 어깨를 짓누르는 학자금 대출, 자르지 말라고 부장의 바짓가랑이라도 잡고 싶었던 인턴 및 수습 시절, 20대 사회초년생의 대기발령, 월세와 전세, 연애, 결혼, 그리고 포기. 1년 안팎의 취업준비생 기간과 7~8년의 길다면 길고 짧다면 짧은 직장생활을 하면서 많은 것을 경험했다. 한 해 한 해가 모두 쉽게 넘어가지 않았고 20대 초반보단 후반이, 20대 후반보단 30대에 더 숨이 찼다. 지금도 쉽지 않은 서른두 번째의 해를 보내고 있다. 직장생활은 매일이 새로운 정글이며, 재테크를 하기는 더 어려워졌다. 결코 순탄하지 않았던 그간의 생활을 뒤돌아보며 우리가 알려주고 싶었던 '청춘의 경제'는 크게 두 가지다. 앞서 언급한, 무재테크 시대에 청춘들이 살아남을 수 있는 방법과 지금의 힘든 상황은 당신 탓이 아니라는 것.

— 3 —

올 초 이직을 준비하면서 예전에 쓰던 메일함에 들어가봤다. 취업준비생이던 7년 전 인사담당자에게 이력서와 자기소개서를 이메일계정으로 보냈던 기억이 났다. 괜찮게 쓴 자기소개서를 찾아 재가공할 계획이었다. 메일함에는 각종 스팸 메일부터 한때 푹 빠졌던 연예인 팬페이지에서 보낸 메일까지 그간 읽지 않은 메일이 쌓여 있었다. 성격상 쓸데

없는 메일부터 휴지통으로 보내고 싶었지만 양이 어마어마해서 엄두가 나질 않았다. 내 생엔 클릭해볼 일이 없을 것 같은 메일 더미를 뒤로하고 '보낸 메일함'으로 들어갔다. 그곳에는 당시 작성한 자기소개서들로 빼곡했다. '이렇게 많이 넣었나?'란 생각이 들 정도였다. 나도 참 많이 절박했나 보다. 개중에는 지금이라면 쳐다보지도 않을 회사들도 있었고, 인사담당자를 향한 구애의 글은 모두 절절했다.

내가 어른인지, 아니면 애인지도 잘 몰랐던 나의 스물넷은 그렇게 치열했다. 물론 그때의 치열함은 취업과 동시에 잊어버렸고, 지금의 난 '월요병'을 앓는 평범한 직장인이 됐다. 스물넷의 나에게 미안해질 만큼 말이다.

여러 인사담당자들에게 보냈던 메일을 보다 보니 당시 느꼈던 좌절감과 패배감이 다시 옆구리를 푸욱 쑤시는 것 같았다. 취업에 실패할 때마다 힘들었고, 주변 사람들의 위로는 전혀 위로가 되지 않았다. 특히 취업한 친구가 해주는 위로는 나를 더 초라해 보이게 만들기도 했다. 그런데 그때 들었던 위로 중 진짜 위로가 됐던 말이 있었다. 그것도 취업에 성공한 또래가 해준 말이다. 지금도 힘들 때면 가끔 기억의 회로에서 꺼내보는 말인데, 대략 이런 내용이었다.

"미국의 '섹시 아이콘' 샤론 스톤 알지? 되게 늦게 떴다고 하더라. 무명기간이 길어지니까 화장품 외판원을 하기도 했대. 어쨌든 샤론 스톤이 오디션을 많이 보러 다녔는데 어느 오디션장에 가면 너무 예뻐서 안 된다고 하고, 또 다른 오디션장에 가면 너무 못생겼다고 했대. 이러지도 저러지도 못하고 있었나봐. 그냥 너도 그런 때인 거 같아."

지상파 방송사 시험에 떨어진 후 이른바 '언론고시'를 함께 준비했던 대학 선배가 해준 말이다. 처음에는 무슨 소린가 싶었지만 곱씹을수록 위로가 됐다. "잘 될 거야", "할 수 있어", "이 정도의 실패는 아무것도 아니다"란 위로는 귓속에서 증발됐지만 이 말은 귀에서 머리로, 머리에서 마음으로 흐르며 온몸을 뜨끈뜨끈하게 했다. 이러지도 저러지도 못하는 건 내 탓이 아니라는 것. 그게 선배가 건넨 위로였다. 신기하게도 이 이야기를 들은 지 얼마 되지 않아 첫 직장에 입사했다. 나에겐 샤론 스톤을 톱배우로 자리매김하게 한 영화 〈원초적 본능〉과 같은 '대박'이었다.

— **4** —

'문제는 당신이 아니다.' 우리가 이 책을 통해 가장 하고 싶었던 이야기는 청춘에 대한 위로였다. 그래서 선배의 위로처럼 2535들에게 힘든 상황은 당신 탓이 아니라는 것을 알려주고 싶었다.

글 쓰는 업을 가진 우리에게 이번 책 집필은 그 어느 때보다 힘들었다. '어떻게 하면 우리가 하고 싶은 말을 잘 전달할 수 있을까'를 1년 넘게 고민했고, 두 차례 정도 전체 글을 갈아엎었다. 책이 출간되기 3주 전에는 글의 구성을 새로 짜기도 했다. 이렇게 공을 들인 이유는 딱 하나. 우리와 같은 선상에 있는 또래들에게 이 책이 힘든 상황에서 조금이나마 벗어날 수 있는 '탈출구'가 됐으면 하는 것, 그것이었다. 각 장의 시작페이지를 보면 제목 위로 탈출구 그림이 그려져 있다. 이 책의 첫 장을 넘긴 모든 청춘들이 탈출구 밖으로 한 발자국 내디딜 수 있길 바란다.